法治教育与德育创新融合研究

高晓辉　著

中国国际广播出版社

图书在版编目（CIP）数据

法治教育与德育创新融合研究/高晓辉著. --北京：
中国国际广播出版社，2024.10. -- ISBN 978-7-5078-
5701-6

Ⅰ.D920.4；G41

中国国家版本馆 CIP 数据核字第 20246D8W95 号

法治教育与德育创新融合研究

著　　者	高晓辉	
责任编辑	王立华	
校　　对	张　娜	
封面设计	万典文化	

出版发行　中国国际广播出版社有限公司

电　　话　010-86093580　010-86093583

地　　址　北京市丰台区榴乡路 88 号石榴中心 2 号楼 1701

邮　　编　100079

印　　刷　唐山唐文印刷有限公司

开　　本　787 毫米×1092 毫米　1/16

字　　数　190 千字

印　　张　12

版　　次　2025 年 4 月第 1 版

印　　次　2025 年 4 月第 1 次印刷

定　　价　78.00 元

PREFACE 前 言

　　法治教育与德育创新的融合是推动社会进步和个体成长的关键。法治教育旨在培养公民遵守法律、尊重法律的思维和意识，而德育创新则强调培养学生的道德品质和人文素养。将二者融合，不仅有助于建设法治社会，也有利于培养全面发展的人才。通过法律知识和道德观念的双重培养，个体更容易形成遵纪守法、诚实守信的良好品质。他们不仅具备了遵守法律的能力，更能在日常生活中体现出高尚的道德品质，积极参与社会实践，促进社会和谐。

　　法治教育注重的是法律的规范和适用，而德育创新更注重的是个体内心的道德观念和情感认知。二者相结合，不仅可以让个体理解法律的含义和重要性，还能使他们深刻领悟到法律背后的道德价值和社会责任，从而形成更加全面的法治意识。传统的法治教育往往停留在法律知识的灌输，传统的德育则往往停留在道德规范的宣导。但是，当法治教育和德育创新融合在一起时，就会激发出更多的创新理念和方法，比如通过案例分析、情景模拟等方式，让学生更加深入地理解法律和道德的内涵，从而培养出更具有创新精神和实践能力的公民。

　　本书全面研究了法治教育与德育领域的各个方面，旨在帮助读者更好地理解、应对并掌握法治教育的现状和未来趋势。本书首先探讨了法治教育的演变历程，揭示了其历史背景和发展轨迹；其次，深入分析了法治教育的价值与目标，以及国际比较研究的重要性；然后，本书关注于法治教育的现状和面临的挑战，提供了深刻的洞察。在未来展望中，本书提出了趋势、发展方向、挑战和机遇，鼓励读者思考如何应对法治教育与德育领域的不断变化和发展。通过这些内容，本书为教育从业者、学生和研究者提供了有价值的参考和启发，有助于推动法治教育和德育的不断创新与进步。

　　作者在写作本书的过程中，借鉴了许多前辈的研究成果，在此表示衷心的感谢。由于本书需要探究的层面比较深，作者对一些相关问题的研究不够透彻，加之写作时间仓促，书中难免存在一定的不妥和疏漏之处，恳请前辈、同行以及广大读者斧正。

CONTENTS 目 录

第一章　法治教育与德育的理论基础 ···························· 1
　　第一节　法治教育与德育的概念界定 ······················ 1
　　第二节　法治教育与德育的关系探讨 ······················ 5
　　第三节　法治教育与德育的历史发展 ······················ 11
　　第四节　法治教育与德育的必要性 ························ 18

第二章　法治教育与德育的课程设计与实施 ················ 20
　　第一节　法治教育与德育课程的设计原则 ················ 20
　　第二节　法治教育与德育融合的案例研究 ················ 27
　　第三节　法治教育与德育的课程评估与改进 ·············· 29
　　第四节　法治教育与德育的跨学科教学方法 ·············· 37

第三章　法治教育与德育的教师培养与发展 ·············· 40
　　第一节　法治教育与德育教师的专业素养培养 ············ 40
　　第二节　法治教育与德育中教师的角色与责任 ············ 49
　　第三节　法治教育与德育中教师的教育方法与策略 ········ 53
　　第四节　法治教育与德育中教师的职业发展与挑战 ········ 57

第四章　法治教育与德育的学生培养与评估 ·············· 62
　　第一节　法治教育与德育对学生的影响与意义 ············ 62
　　第三节　法治教育与德育对学生发展的影响 ·············· 67
　　第四节　法治教育与德育的学生成功案例分析 ············ 71

第五章　法治教育与德育的社会实践与互动 ·············· 74
　　第一节　法治教育与德育的社会责任与使命 ·············· 74

第二节　法治教育与德育的社会参与项目…………………………………… 78

第三节　法治教育与德育的社会合作与伙伴关系………………………… 81

第四节　法治教育与德育的社会反馈与影响评估………………………… 88

第六章　法治教育与德育的创新技术与工具………………………………… 95

第一节　法治教育与德育的在线教育工具与平台………………………… 95

第二节　法治教育与德育的虚拟现实与增强现实应用…………………… 97

第三节　法治教育与德育的社交媒体与网络资源……………………… 101

第四节　法治教育与德育的数据分析与教学优化……………………… 105

第七章　法治教育与德育的国际化与跨文化比较研究………………… 111

第一节　法治教育与德育的国际比较研究……………………………… 111

第二节　法治教育与德育的国际交流与合作项目……………………… 118

第三节　法治教育与德育的跨文化教育挑战…………………………… 122

第四节　法治教育与德育的国际化教材与课程设计…………………… 128

第八章　法治教育与德育的建设…………………………………………… 134

第一节　法治教育与德育在法治社会中的作用………………………… 134

第二节　法治教育与德育的职业道德培养……………………………… 143

第三节　法治教育与德育的教育改革与立法支持……………………… 152

第四节　法治教育与德育的实施………………………………………… 156

第九章　法治教育与德育的未来趋势与展望…………………………… 161

第一节　法治教育与德育的未来发展方向……………………………… 161

第二节　法治教育与德育的创新领域与机遇…………………………… 169

第三节　法治教育与德育的挑战与应对策略…………………………… 173

第四节　法治教育与德育的全球影响与合作机会……………………… 178

参考文献……………………………………………………………………… 185

第一章 法治教育与德育的理论基础

第一节 法治教育与德育的概念界定

一、法治教育的概念

法治教育被定义为一种有目的、有计划的系统性法律教育活动，其目的是让人们遵守法律制度和法律条文，以及将法律理念内化为个人信念。这一概念强调了法治教育作为统治阶级促使人们守法的工具，在特定社会环境下，通过教育使人们接受和遵循相同的法律规范，最终形成法治信念。此外，有学者认为法治教育不仅是增强学生法律意识的工具，还能让他们从法律的角度真正理解党和国家在新时代的思想政治教育内涵，从而提高并保证思想政治教育的有效性。这个观点凸显了法治教育作为思想政治教育重要组成部分的意义，并将其定位于思想政治教育的范畴之中。法治教育主要通过教育渠道来传达法治理念，强调法律知识和法治观念的传授，旨在培养公民的法治理念。这一定义突出了法治教育的主要方式是通过教育，内容涵盖法治理念和法律知识，其目的是提高公民的法治素养。法治教育是国家有计划实施的专门教育活动，体现了国家意志，并组织全民参与。它不仅是普及法律常识的教育活动，更重要的是将法律知识和法治观念融合在一起进行教育。其目的是让学生在学习法律知识的同时，树立社会主义法治观念，提升自我懂法、知法、守法、用法的能力。这一定义使法治教育的功能和内涵更加明确和丰富。

综合以上专家对法治教育的定义，可以得出以下共性：法治教育是由国家和政府有组织、有目的、有计划地实施的一项教育活动。这表明法治教育不是零散的个体行为，而是经过组织和计划的系统性活动。法治教育的对象是全体公民，意味着法治教育的范围涵盖了整个社会的成员，旨在普及法治理念，提高法治意识。法治教育是思想政治教育工作的重要组成部分，为社会主义法治建设服务。这点强调了法治教育与政治理念的紧密联系，旨在支持社会主义法治理念的树立和推进。法治教育的目的在于增强公民的法治意识，培育公民的法律素养。这意味着法治教育不仅仅是传授法律知识，更重要的是培养公民遵守法律、尊重法治的态度和行为。法治教育体现了国家意志，是国家为推进社会主义法治社会建设而有计划、有目的地实施的思想政治教育活动。这点凹显了法治教育作为国家战略的重要组成部分，其目的在于培养全体公民的法治理念，促进社会主义法治建设的顺利进行。综合以上共性，法治教育可以被定义为国家为推进社会主义法治社会建设，有计划、有目的的实施的培育和提升全体公民法律素养、树立全体公民法治理念的思想政治教育活动。

二、德育的概念

德育可分为狭义和广义两种概念。狭义的德育特指学校德育，即教师根据一定社会或阶级的要求，遵循青少年思想品德形成发展的客观规律，有目的、有计划、有组织地对学生施加系统的思想、道德和政治影响，从而使一定的社会意识和道德规范转化为个体的思想品德的活动。在这种理解下，学校扮演着重要的角色，通过课堂教学、课外活动等途径，对学生进行系统的德育。而广义的德育则是指对人的品德产生影响的一切活动。这种德育覆盖了人的一生，与整个社会生产和生活活动密切相关。它包括了家庭德育、社会德育以及学校德育等多种形式。在家庭中，父母通过言传身教、家庭教育方式对子女进行德育；在社会中，各种社会机构、社会文化活动都会对人的品德产生影响，比如社会风气、媒体传播等。因此，广义的德育不仅仅局限于学校教育，而是涵盖了社会生活中各个方面对个体品德的塑造和影响。

随着社会的不断发展和变化，德育的概念也在不断演化，并且其内涵与外延也在不断延伸。目前一般认为，德育的内容主要包括政治教育、思想教育、道德品质教育、法治教育以及心理品质教育五个方面，几乎涵盖了社会意识形态的各个方面。政治教育主要是指对民族、阶级、政党、政权、社会制度和国家之间的态度、立场、情感的教育。其中，爱国主义教育作为其中的重要内容，旨在培养学生热爱祖国、维护国家利益的情感和行为。思想教育以个体的价值认知为核心，引导青少年逐步掌握辩证唯物主义和历史唯物主义的基本观点，使学生形成正确的人生观、价值观和科学的世界观。道德品质教育旨在引导青少年逐步掌握社会主义的道德规范，形成基本文明习惯和行为，履行道德义务，以培养高尚的公民道德和社会公德。心理品质教育旨在指导学生运用心理知识去认识、分析和解答生活中的心理现象和心理问题，从而掌握自己和他人心理发展的规律性，达到培养良好心理品质的目的。这五个方面相互联系、相互渗透，又相互制约、互为条件，构成了德育的有机统一体。通过这些方面的综合教育，学生可以在思想、品德、法治意识、心理等各个方面得到全面发展，从而成为德智体美劳全面发展的社会主义建设者和接班人。在学习中正确理解德育的概念，无论对德育的理论建设还是对德育的实践活动，都具有至关重要的意义。上述德育的定义，包含以下几层意思：

（一）德育是教育全面发展的有机构成部分

和智育、体育、美育、劳动教育等学校教育的其他组成部分一样，德育也具有学校教育的一般特征，即目的性、计划性、系统性和周期性。德育具有明确的教育目的。它的目的是培养学生正确的思想品德、社会主义道德观念和法治意识，使其成为有道德素养、有公民责任感的社会主义建设者和接班人。德育是有计划的。学校根据教育部署和学校实际情况，制订具体的德育计划和教学方案，明确教育目标、内容、方法和评价标准，有序地开展德育工作。德育具有系统性。它不是孤立的个别活动，而是与学校教育的其他组成部分相互贯通、相互支持的系统。德育内容应与智育、体育、美育等相互渗透，共同构成学生全面发展的教育体系。德育具有周期性。德育不是一次性的、片面的活动，而是贯穿于学生学习生活的始终，通过日常课堂教学、校园文化建设、社会实践活动等多种形式，不断强化学生的德育意识和德育行为。德育作为学校教育的重要组成部分，具有明确的目的性、有计划的组织安排、系统的内容结构以及周期性的持续实施，以促进学生德智体美劳全面发展为根本任务，为培养社会主义建设者和接班人提供坚实的思想道德基础。

（二）德育反映了一定社会关系的价值评判

与其他教育内容相比，德育所要解决的主要矛盾在于如何根据个体思想品德形成和发展的规律，有目的、有计划地将一定社会的思想意识、政治准则、道德规范转化为个体的思想品德。从这个意义上说，德育是受一定社会的政治、经济制度及其发展需要所制约的。德育具有社会性。它是各个社会共有的社会教育现象，旨在培养公民的思想品德，以促进社会和谐稳定的发展。在阶级社会中，德育具有鲜明的阶级性。不同阶级、不同社会群体对德育的理解和实践往往存在差异，反映了社会阶级斗争的需要和政治立场的差异。德育随着社会发展变化而变化，具有历史性。随着社会制度、价值观念、文化传统的变迁，德育的内容、方法和目标也会发生相应的调整和变化，以适应社会的发展需求。德育不仅是一种个体教育活动，更是受到特定社会条件、阶级状况和历史背景的制约和影响的社会教育现象。在推进德育工作时，需要充分考虑社会的政治、经济、文化因素，并灵活运用各种教育手段和方法，以促进个体思想品德的健康发展，为社会的进步和发展做出积极贡献。

（三）德育重在启发人的自我意识与自主行为

人与人之间形成道德关系和其他所有社会关系的内在心理基础，就在于"自我"的存在。正是"自我"的存在，才有了个体与群体、主体与环境的分别和相互作用；才有了对自然和社会现象的反映和理解；才会有真正属于人类的有意识、有目的并对他人产生影响的社会性行为。因此，学校德育不能仅仅满足于意识形态的灌输和行为规范的机械训练。相反，学校德育应该着眼于唤醒和发展学生的自我意识，致力于正确的价值导向，培养学生自省、自律、自强的自我教育能力。在这种理念下，学校德育应该注重引导学生认识自己的内在需求和价值观，培养他们对自己行为后果的责任感和对社会的责任感。通过开展富有启发性和互动性的教育活动，激发学生的自我认知和自我反思能力，帮助他们树立正确的人生观、价值观，进而自觉遵循社会道德规范，积极参与社会实践，为社会的进步和发展贡献力量。学校德育的核心在于培养学生的自我意识和自我教育能力，以促进他们的全面发展和社会责任感，从而实现个体与社会、自我与他人的和谐统一。学校德育应该引导学生认识自我。了解自己的需求、价值观、优势和劣势是建立健康自我意识的基础。学校可以通过课堂教育、心理辅导、社团活动等形式，帮助学生深入探索自己的内心世界，认识自己的情感、欲望和动机，从而建立起清晰的自我认知。学校德育应该培养学生的责任感。责任感是自我意识的重要体现，它使个体意识到自己的行为会对他人和社会产生影响，因此愿意承担起相应的责任和义务。学校可以通过开展志愿活动、社会实践、团体合作等形式，培养学生的团队精神和社会责任感，让他们意识到自己在社会中的重要性和责任。学校德育应该强调自我教育能力的培养。自我教育能力是个体自主学习、自我管理、自我提升的能力，是自我意识的重要表现之一。学校可以通过课程设置、教学方法、评价体系等方面的改革，激发学生的学习兴趣和学习动力，培养他们的自主学习能力和自我管理能力，使他们能够在学习和生活中不断成长和进步。

第二节　法治教育与德育的关系探讨

一、法治教育与德育的共同点

（一）价值导向

法治教育和德育作为以价值观念为导向的教育活动，都旨在塑造学生正确的价值取向，促进其全面发展。尽管两者在侧重点和方法上有所不同，但它们都在教育中扮演着不可替代的角色，共同构建起一个有秩序、有责任、有道德的社会。法治教育强调尊重法律、遵守法律、依法行事等法治价值观念。法治是现代社会的基本原则之一，是保障公民权利、维护社会秩序和促进社会进步的重要手段。法治教育旨在让学生了解法律的作用和意义，认识到法律对于维护社会秩序和公共利益的重要性。通过法治教育，学生能够深入了解法律的法理基础、法治精神和法律体系，培养尊重法律、遵守法律的意识和习惯，使他们成为守法公民、社会责任感强的个体。德育注重培养学生的道德品质、价值观念和社会责任感。德育强调的是人的内在修养和道德素养的培养，旨在使学生成为具有良好品德、正确价值取向和社会责任感的公民。德育不仅关注学生的个人发展，更关注他们在社会中的行为和影响。通过德育，学生能够树立正确的人生观、价值观，培养关爱他人、助人为乐的品质，以及对社会和他人负责任的态度，成为有担当、有情怀的社会成员。尽管法治教育和德育在侧重点和方法上有所不同，但它们都致力于培养学生正确的价值取向，促进其全面发展。在教育实践中，法治教育和德育可以相互促进、相辅相成。法治教育可以通过教授法律知识和法治理念，强调遵守法律的重要性，从而引导学生形成良好的行为规范和社会责任感；而德育则可以通过道德教育和情感教育，培养学生的良好品德和社会责任感，使其更加愿意自觉遵守法律，积极参与社会实践，为社会的进步和发展做出贡献。

（二）培养公民素养

法治教育和德育作为教育活动的重要组成部分，都旨在培养学生的公民素养，使他们成为社会责任感强、法律意识高的公民。尽管在侧重点和方法上有所不同，但它们都在塑造学生良好的公民素养方面发挥着不可替代的作用。法治教育通过法律知识的传授和法治观念的培养，使学生具备良好的法治意识和法律素养。法治教育不仅仅是简单地向学生传授法律知识，更重要的是培养他们尊重法律、遵守法律的意识和习惯。通过深入浅出的法律教育，学生能够了解法律的作用和意义，认识到法律对于维护社会秩序和公共利益的重要性。同时，法治教育还致力于培养学生的法治观念，使他们能够正确理解和认同法治理念，自觉遵守法律，维护社会的公平正义。德育通过道德教育的开展，培养学生的社会责任感、公德心和法治观念，使其成为具有良好品德和行为规范的公民。德育不仅仅是向学生灌输道德知识，更重要的是通过榜样示范、情感教育等方式，引导学生树立正确的价值观念和行为准则。通过德育的开展，学生能够树立正确的人生观、价值观，培养关爱他人、尊重他人的品质，形成积极向上的行为模式，成为社会上具有良好品德和行为规范的榜样。法治教育和德育的目标虽然不同，但它们都致力于培养学生的公民素养，使其具备良好的社会责任感和行为规范。在教育实践中，法治教育和德育可以相互配合、相互促进。法治教育可以通过教授法律知识和法治观念，引导学生遵守法律、维护社会秩序；而德育则可以通过道德教育的开展，引导学生树立正确的价值观念和行为准则，使其在社会中担负起应有的责任和义务。两者共同构建起一个有秩序、有责任、有道德的社会，促进社会的和谐稳定和持续发展。

二、法治教育与德育的不同点

（一）角色定位

法治教育作为教育体系中的重要组成部分，主要关注的是法律、法规和制度的教育，旨在让公民了解法律的存在、法律的作用以及如何遵守法律。了解法治教育的意义对于深化公民法治意识至关重要。在一个法治社会中，法律是约束行为的准则。通过法治教育，公民可以了解法律的重要性，认识到法律对于维护社会秩序、保护人权和推动社会进步的作用，从而自觉地遵守法律，维护社会稳定和公共利益。法治教育的内容涉及广泛，包括宪法、法律、法规、制度以及相关的法律知识和原则等。公民通过学习这些内容，可以了解自己的权利和义务，知道在特定情况下应该如何行动，从而有效地保护自己的权益，规范自己的行为，避免违法行为和纠纷的发生。法治教育的实施方式多样，可以通过课堂教学、法律宣传、社会实践等形式进行。在学校教育中，法治教育可以通过开设法律课程、举办法律知识竞赛等方式进行；在社会中，法治教育可以通过法律宣传活动、法治文化建设等方式进行。这些方式可以有效地提高公民的法律意识和法治观念，使其深刻理解法律的重要性，并能够在实际生活中运用法律知识解决问题。法治教育对个人和社会都具有重要意义。对个人来说，法治教育可以提高其法律素养和自我保护能力，使其能够在面对法律问题时能够正确应对，保护自己的合法权益。对社会来说，法治教育可以促进社会公平正义、增强社会凝聚力，提高社会治理效能，推动社会进步和发展。法治教育的重要性不言而喻。通过法治教育，可以提高公民的法治意识和法律素养，促进社会的和谐稳定和持续发展。因此，我们应该加强法治教育的宣传和实施，使更多的人受益，共同构建法治社会的美好未来。

德育作为教育体系中的重要组成部分，更侧重于培养公民的道德品质和人格素养。通过引导和激发人们内在的良知、责任感和价值观，以及培养他们具备良好的品德和道德行为，德育在个人和社会发展中扮演着至关重要的角色。了解德育的意义对于培养公民的道德品质至关重要。在一个社会中，道德是维系社会秩序和人际关系的重要基础。通过德育，公民可以了解道德对于个人行为和社会发展的重要性，从而自觉地树立起正确的道德观念和行为准则，形成良好的道德品质和人格素养。德育的内容涉及广泛，包括道德教育、公民道德、社会公德、职业道德等多个方面。通过学习这些内容，公民可以了解什么是正确的道德行为，以及在不同的情境下应该如何正确行事，从而能够在实际生活中践行道德，为社会的和谐稳定做出贡献。德育的实施方式也多种多样，可以通过课堂教学、道德讲座、道德模范表彰等形式进行。在学校教育中，德育可以通过设置道德课程、开展德育活动等方式进行；在社会中，德育可以通过社会公益活动、社会实践等方式进行。这些方式可以有效地激发公民的道德意识和道德行为，提高其道德修养和素质。德育对个人和社会都具有重要意义。对个人来说，德育可以提高其道德素养和自我修养，使其成为一个有责任心、有担当、有良知的公民；对社会来说，德育可以促进社会公德的提升、增强社会凝聚力，建立和谐稳定的社会环境。德育的重要性不言而喻。通过德育，可以培养公民的道德品质和人格素养，促进社会的和谐稳定和持续发展。因此，我们应该加强德育的宣传和实施，使更多的人受益，共同营造一个更加美好的社会环境。

（二）内容差异

法治教育和德育作为教育的两大重要组成部分，各自有着不同的内容和目标，但都旨在培养学生成为具有良好品质和社会责任感的公民。法治教育主要包括法律知识的传授、法治观念的培养、法律意识的强化等，其重点在于介绍和理解法律体系和法治精神。德育则注重道德教育、品德培养、公民道德素养的培养等，重点在于培养学生的道德品质和社会责任感。法治教育的内容主要包括法律知识的传授。法治教育通过向学生介绍法律的基本知识，如法律的起源、发展、组成要素等，使他们了解法律的基本概念和内容。同时，法治教育还向学生传授具体的法律条文和规定，让他们了解法律的具体适用和实施情况。通过法律知识的传授，学生能够了解自己的权利和义务，提高法律素养，做到知法、懂法、守法。法治教育还包括法治观念的培养。法治观念是指对法治的理解和认同，是法治教育的重要内容之一。法治教育通过向学生介绍法治的基本理念和核心价值，如公平正义、法律平等、法治权威等，培养他们正确的法治观念和法治信仰。通过法治观念的培养，学生能够认识到法治是社会秩序和公平正义的基石，自觉遵守法律、尊重法律，增强法治意识。德育的内容主要包括道德教育、品德培养、公民道德素养的培养等。德育通过向学生传授道德知识和道德规范，引导他们树立正确的道德观念和行为准则。德育还通过榜样示范和情感教育，培养学生的良好品德和行为规范，提高他们的社会责任感和公民道德素养。通过德育的开展，学生能够树立正确的人生观、价值观，自觉遵守社会道德规范，积极参与社会实践，成为有担当、有情怀的公民。

（三）法治教育与德育的相互作用

1. 法治教育促进德育的实践

法治教育是一种重要的社会教育形式，旨在通过向公众普及法律知识和法治理念，提高人们的法律意识，促进社会的法治化进程。在现代社会中，法治教育的作用与意义不可低估，它不仅有助于人们了解法律的基本原则和规定，更重要的是，通过深入的法律学习和思考，人们能够认识到法律对于维护社会秩序和公共利益的重要性，从而塑造个人的道德观念，促使其更加倾向于积极的社会参与和负责任的行为。法治教育有助于人们理解法律的作用和意义。法律是社会治理的基础，是维护社会秩序和公共利益的重要工具。通过法治教育，人们可以了解法律的功能和作用，认识到法律是保障公民权利、维护社会稳定、促进社会发展的重要保障。同时，法治教育还可以向人们介绍法律的基本原则和价值观，如公平正义、人权保障、民主法治等，引导人们树立正确的法律观念，增强法治意识法治教育有助于提高人们的法律素养和法律意识。法律素养是指个体对法律的认知、理解和应用能力，是公民素质的重要组成部分。通过法治教育，人们可以系统地学习法律知识，了解法律的基本内容、程序和规范，提高自身的法律素养。同时，法治教育还可以培养人们的法治意识，使其认识到法律是社会生活的基本规范，遵守法律是每个公民的责任和义务，从而自觉地遵守法律、维护法律权威，不断提升法律意识和法律自觉性。法治教育有助于塑造个人的道德观念，促使其更加倾向于积极的社会参与和负责任的行为。法律与道德密切相关，是道德规范的具体体现和实践。通过法治教育，人们可以认识到法律的价值和意义，进而树立正确的道德观念，自觉遵守社会道德规范和法律法规，维护社会公共利益。同时，法治教育还可以引导人们形成积极的社会参与意识，激发公民的社会责任感和使命感，促使其投身于社会公益事业，为社会进步和发展做出积极贡献。

2. 德育对法治的补充

德育作为一项综合性的教育任务，旨在培养人们正确的道德观念、价值观念和行为准则，以及提升个人的社会责任感和公德心。在德育的内容中，涵盖了家庭教育、学校教育、社会教育等多个方面。与法治教育相比，德育更注重情感、道德规范等方面的培养，可以弥补法治教育中可能存在的不足，进一步促使个人树立正确的法律意识和行为准则。家庭教育是德育的重要组成部分。家庭是孩子成长的第一课堂，家长是孩子的第一任老师。在家庭中，父母通过言传身教、榜样示范等方式，教导孩子遵守法律、尊重他人、诚实守信等道德准则，培养他们正确的价值观念和行为习惯。例如，父母可以通过与孩子的交流互动，引导他们正确理解和尊重他人的权利，培养他们的公德心和同理心，从而使孩子在成长过程中树立正确的法律意识和行为准则。学校教育是德育的重要载体。学校作为社会主要的教育机构，承担着培养学生全面发展的责任，其中德育是学校教育的重要内容之一。学校通过课堂教育、校园文化建设、课外活动等多种形式，引导学生养成良好的品德和行为习惯，培养他们的社会责任感和公民意识。例如，学校可以开展法治教育课程，组织模拟法庭、辩论赛等活动，通过实践性的教学方式，使学生深入了解法律的重要性和作用，进而培养他们的法治意识和法律素养。社会教育也是德育的重要组成部分。社会是人们生活和成长的重要环境，社会教育通过社会环境、社会文化等方面的影响，对个体的道德观念和行为习惯进行塑造和影响。社会教育可以通过各种社会组织、社会活动等渠道，向公众普及法律知识和法治理念，引导人们自觉遵守法律、维护社会秩序，形成良好的社会风尚和行为规范。例如，社会组织可以组织法律讲座、法治宣传活动等，向社会大众普及法律知识，提高公众的法律意识和法治观念，促进社会公德的建设和社会治理的改善。

3. 法治教育与德育的互动

法治教育在教育实践中往往需要德育作为重要的道德支撑和情感认同。法律是一种规范行为的工具，但法律本身并不具备道德感知和情感认同的属性。在法治教育的过程中，德育能够为法律提供重要的道德支撑，使法律不仅仅是一种外在的约束，更成为人们内心深处的道德信念。通过德育的引导，人们能够深刻理解法律的价值和意义，认识到遵守法律是一种道德行为，从而在实践中愿意自觉遵守法律，形成自觉遵守法律的良好习惯和行为准则。德育也可以借助法治教育的机制和规范来加强其实效性。德育强调的是道德品质和行为习惯的培养，但在教育实践中，德育往往缺乏具体的规范和执行机制。而法治教育则提供了明确的法律规范和执行程序，能够弥补德育在规范方面的不足。通过法治教育的机制和规范，可以对德育的内容进行具体化和细化，使德育不再停留在理念层面，而是能够转化为具体的行动和实践。例如，通过法治教育的机制，可以建立起学校、家庭和社会的法律教育体系，使德育与法治教育相互配合，共同促进学生和公众的全面素质提升。在教育实践中，法治教育和德育也可以相互借鉴、相互促进。法治教育注重的是法律知识的传授和法治观念的灌输，而德育注重的是道德情感的培养和价值观念的塑造。两者在教育目标上有所不同，但在方法和手段上可以相互借鉴、相互促进。例如，德育可以借鉴法治教育的案例教学、互动讨论等方式，使道德观念和价值观念更加具体、生动；而法治教育也可以借鉴德育的情感教育、榜样示范等方式，使法律知识更加贴近人心、易于理解。

第三节　法治教育与德育的历史发展

一、古代文明时期（公元前 3500 年至公元前 1000）

（一）儒家思想的影响

在古代文明中，法治教育与德育的发展经历了漫长的历史过程，往往与宗教、伦理道德和社会规范密切相关。古代各个文明的法治教育与德育体系在不同的历史背景下形成，并通过宗教、哲学思想以及社会制度的影响，为社会的发展和人类的道德修养提供了重要的指导和支持。在古代中国的儒家文化中，儒家思想对法治教育与德育的影响尤为深远，其经典著作《论语》中的经典教育案例，成为后世法治教育与德育的重要内容之一。儒家思想是中国古代的主流思想之一，其对法治教育与德育的影响渗透了中国古代社会的方方面面。儒家注重的是个体的修养和社会责任，强调人的品德修养对社会的影响。在儒家经典《论语》中，孔子和他的弟子们的言行举止被视为最高的道德典范，他们的教育理念和行为规范成为古代中国法治教育与德育的重要参考依据。孔子在《论语》中提出了众多关于教育和道德的观点和理念。例如，在《论语·为政》篇中，孔子曰："君子喻于义，小人喻于利。"这句话强调了人应该注重道德和正义，而不是利益得失。这种强调道德的观念对于法治教育与德育的发展具有重要意义，为后世教育家和政治家提供了道德上的指导。除了孔子之外，其他儒家学者也对法治教育与德育做出了重要贡献。例如，孟子提出了"性善论"，强调人性的善良本质，同时也提出了"教化"、"修身齐家治国平天下"的思想，倡导个体应该通过自我修养来实现社会的和谐与安定。儒家思想对于古代中国的法治教育与德育产生了深远影响，推动了中国古代教育制度的建立和发展。儒家经典成为古代中国教育的重要内容，儒家教育理念贯穿了中国古代教育的方方面面，包括家庭教育、学校教育以及官方教育。儒家思想对于培养人才、弘扬道德、维护社会秩序产生了重要作用，为中国古代社会的稳定与繁荣做出了重要贡献。这些宗教思想在中国古代社会中为法治教育与德育的发展提供了多样化的思想资源。

（二）法家思想的影响

在中国古代文明时期，尤其是春秋战国时期，法家思想对社会、政治和法律制度产生了深远影响。法家思想主要集中在战国时期，代表人物有荀子、韩非子等。法家强调法律的重要性，并主张以法治国。他们认为，制定明确的法律法规，实行严格的法律制度，是维护社会秩序和统治稳定的关键。这种观点影响了战国时期各诸侯国的政治实践，促使各国更加重视法律的制定和执行。法家强调法律的公正性和普遍性，主张以法律约束人们的行为，从而维持社会安定秩序。这种观点促进了社会秩序的维护，加强了对社会各个阶层的管控，推动了社会制度的进步和发展。法家思想对古代法律制度的发展产生了深远影响。他们提倡制定详细而严格的法律，倡导对违法行为进行严厉的惩罚，同时也主张对忠诚、奉公守法者进行奖励，以此来保障社会的稳定和秩序。法家强调法律的权威性和效力，认为法律是社会秩序的基石，因此，他们对个人道德行为的要求相对较低。这种观点影响了当时社会的道德观念，使人们更加注重法律的遵守，而不是道德的实践。

二、中世纪与文艺复兴时期（约 395 年至 1500 年）

（一）基督教的影响

在中世纪欧洲，基督教的传播与教育体系的发展密不可分，教会在法治教育与德育中扮演着至关重要的角色。随着文艺复兴的到来，人文主义思潮兴起，强调个体的自由、尊严和人文精神，对法治教育与德育产生了深远影响。中世纪欧洲的法治教育与德育主要受到基督教的影响，教会在这一过程中扮演了至关重要的角色。教会通过教育机构，如修道院学校和大学，传授基督教的教义，培养信徒的虔诚信仰和良好品德。教会的法律与道德规范贯穿于教育体系中，对于社会的道德教化和社会秩序的维护起到了重要作用。在这一时期，法治教育与德育的核心内容主要包括基督教的教义和道德规范。学生在教会学校接受宗教教育的同时，也接受了关于道德行为和社会规范的培养。教会倡导的谦逊、慈善、忍耐等美德成为中世纪欧洲法治教育与德育的重要内容，被视为维护社会秩序和个体品德的基石。然而，中世纪欧洲的法治教育与德育也受到了一定程度的限制和批评。教会对知识的垄断和对异端思想的打压，导致了对于思想和知识的局限，限制了法治教育与德育的多样化和开放性。同时，教会的世俗权力滥用和腐败现象也引发了一系列的社会问题，对法治教育与德育的发展产生了负面影响。随着文艺复兴的到来，人文主义思潮兴起，对于法治教育与德育产生了深远的影响。人文主义强调个体的自由、尊严和人文精神，提倡人类对于自身生活和社会的关注，反对宗教的束缚和权威的压迫。人文主义者倡导对古典文化的研究和传承，重视人类个体的发展和尊严，提倡人的普遍平等和社会正义。

（二）人文主义思潮的影响

人文主义的理念对于法治教育与德育的发展产生了深远的影响，从中世纪欧洲基督教教义的束缚中走出，人们开始重视个体的自由和尊严，强调个体的独立思考和全面发展。这种思潮为法治教育与德育的多样化和开放化奠定了基础，推动了教育的进步和社会的发展。人文主义强调个体的自由和尊严，反对教会的教义和道德规范对于个人思想和行为的束缚。在中世纪欧洲，教会对人们的思想和行为有着严格的规范和控制，个体的自由受到了严重的限制。然而，随着人文主义思潮的兴起，人们开始反思教会的权威，强调个体的自由意志和尊严。人文主义者主张人应该根据自己的理性和良知来思考和行动，不受外部教义和规范的束缚。这为个人自由意志和人权的发展奠定了基础，同时也为法治教育与德育的多样化和开放化提供了理论支持和社会背景。人文主义倡导对古典文化的研究和传承，提倡人的全面发展和个体的独立思考。人文主义者认为，古典文化中蕴含着丰富的人文精神和智慧，可以启发人们的思想和情感，培养个体的全面素质和独立精神。因此，他们倡导对古典文化的研究和传承，强调个体应该在道德、智慧、审美等方面进行全面发展，成为具有高度素养和独立思考能力的人。这为法治教育与德育的知识体系提供了新的理论基础和教育内容，拓展了教育的视野和广度，使教育更加注重人的精神内涵和个性发展。人文主义思潮强调社会正义和人道主义精神，呼吁社会对于贫困和不公正现象的关注和改变。人文主义者认为，每个人都应该享有平等的权利和机会，社会应该保障每个人的基本生存和发展权利，反对任何形式的剥削和压迫。因此，他们呼吁社会关注贫困和不公正现象，努力改善社会的不平等现状，推动社会的公正与和谐。这为法治教育与德育的社会责任教育提供了新的方向和动力，促进了社会的进步和发展。通过法治教育和德育，人们能够认识到法律的公正性和人文关怀，从而更加积极地参与社会改革和发展，为建设一个更加公正和和谐的社会做出贡献。

三、近代启蒙运动（18 世纪中期至 19 世纪中期）

（一）理性主义、自由主义和人权意识

近代启蒙运动是欧洲 18 世纪中叶至 19 世纪中叶的一场思想革命，以理性主义、自由主义和人权意识为核心，对法治教育与德育的发展产生了重大影响。启蒙思想家

如洛克、卢梭等提倡社会契约论和人民主权观念，倡导公民的法治意识和道德观念，为现代法治教育与德育奠定了基础。启蒙运动的主要特征之一是理性主义。启蒙思想家强调理性思维的重要性，认为人类通过理性思考可以认识世界、改造社会。这种理性主义的倡导促进了法治教育与德育的发展，使得人们更加重视法律和道德规范的制定与遵守，注重通过理性思考和辩证思维解决社会问题。另一个重要特征是自由主义。启蒙思想家强调个人的自由权利和尊严，主张人类应该摆脱封建专制的束缚，追求个人自由和平等。这种自由主义的倡导推动了法治教育与德育的发展，使得个人在教育中更加注重自我意识和自主性，同时也促进了社会对于法治原则和人权意识的重视。在政治方面，启蒙思想家提出了社会契约论和人民主权观念。洛克认为政府的合法性来源于人民的授权，主张政府的权力应当受到法律的限制，从而保障公民的权利和自由。卢梭则提出了社会契约的概念，认为政府应当以人民的利益为出发点，维护社会的公共利益。这些政治思想为法治教育与德育提供了重要的理论支持，强调了法律的平等和公正性，促进了公民对法治原则和法律权利的认识和尊重。

（二）正义和公平

在道德方面，启蒙思想家强调人性的善良和正义。他们认为，人性本身具有道德意识和社会责任感，应该追求正义和公平。通过教育，人们可以培养自我意识和自我管理能力，遵循良好的道德准则，成为具有良好品德和社会责任感的公民。因此，启蒙思想家的道德观念为法治教育与德育提供了重要的指导，强调了道德规范在社会中的重要性，促进了公民的道德素养和社会责任感的培养。启蒙运动对法治教育与德育的发展产生了深远影响。它倡导的理性主义、自由主义和人权意识为现代法治教育与德育奠定了基础，推动了社会的进步和发展。启蒙思想家的政治理念和道德观念影响了法治教育与德育的内容和方法，促进了公民的法治意识和道德素养的提升。因此，启蒙运动是法治教育与德育历史发展中的重要里程碑，对现代社会的法治建设和德育具有重要的借鉴意义。

四、现代社会转型与全球化

随着社会的转型和全球化进程的加速，法治教育与德育正在经历着深刻的变革，面临着新的挑战与机遇。传统意义上的法治教育和德育已经不再局限于对法律规定和道德准则的传授，而是逐渐演变为培养公民的法治素养、社会责任感以及跨文化交流能力的综合性教育过程。在这一过程中，历史发展的脉络可以帮助我们更好地理解法治教育与德育的演变。在古代社会，法治教育与德育往往与宗教、伦理道德和社会规范密切相关。古代文明如古希腊、古罗马、古印度等都有其独特的法治教育和德育传统。在古代中国，儒家思想强调道德修养和社会责任，儒家经典《论语》中的经典教育案例即为法治教育与德育的重要内容之一。在古代印度，佛教的传播也对个人的道德修养和社会责任感产生了深远影响。而在欧洲中世纪，基督教的传播与教育体系的发展密不可分，教会在法治教育与德育中扮演重要角色。随着文艺复兴的到来，人文主义思潮兴起，强调个体的自由、尊严和人文精神，对法治教育与德育产生了深远影响。启蒙运动提倡理性主义和人权意识，对法治教育与德育的发展也产生了重大影响。启蒙思想家如洛克、卢梭等提倡社会契约论和人民主权观念，倡导公民的法治意识和道德观念。这一时期的法治教育与德育强调个体的自由、平等和人权，对后来的现代法治观念和公民意识产生了深远影响。

随着现代国家的兴起，建立国民教育体系成为各国重要的任务之一，其中包括法治教育与德育的发展。现代国家普遍以国家法律、宪法为基础，通过学校教育和社会教育等渠道培养公民的法治观念和道德品质。在信息化时代，随着社会的转型和全球化进程的加速，法治教育与德育面临着新的挑战与机遇。信息技术的发展使得法治教育与德育的传播更加便捷和广泛，但也增加了不良信息和价值观的传播，加大了教育的难度。同时，全球化进程也提出了新的要求，法治教育与德育不仅需要关注国内的法律法规和道德规范，还需要关注国际法律体系和跨文化交流，培养学生具备全球公民意识和国际交流能力。现代社会中的法治教育与德育不仅强调对法律法规和道德准则的遵守，而且更加重视公民的法治素养、社会责任感以及跨文化交流能力。为了应对这一挑战，教育界和社会应该加强法治教育与德育的理论研究和实践探索，探索符合时代发展和社会需求的新模式和新路径。同时，也需要加强国际合作，共同推动法治教育与德育的发展，促进全球社会的法治化和德治化进程。

五、数字化时代的挑战与机遇

在数字化时代，法治教育与德育面临着前所未有的挑战和机遇。随着信息技术的飞速发展，互联网、移动设备和社交媒体等新兴技术正在改变着人们的生活方式和教育模式。这种数字化转型为法治教育与德育提供了新的教学手段和平台，同时也带来了一系列新的问题和挑战。数字化技术为法治教育与德育提供了更加便捷和灵活的教学手段。传统的课堂教学可以通过在线教育平台、教育应用程序等数字化工具进行扩展和延伸。教师可以利用这些工具设计丰富多样的教学资源，包括文字、图片、视频等多媒体内容，以更加生动形象的方式向学生传达法律知识和道德观念。同时，学生也可以通过网络课程、在线讨论等方式随时随地进行学习，提高学习的自主性和灵活性。数字化技术可以促进法治教育与德育的互动和参与。通过在线平台和社交媒体，学生可以与教师和同学进行实时交流和互动，分享学习资源和经验，共同探讨法律问题和道德议题。这种互动式学习模式能够激发学生的学习兴趣和参与度，提高教学效果和学习效率。同时，数字化技术还可以为个性化教育提供支持，根据学生的兴趣、能力和学习风格，量身定制个性化的学习计划和教学资源，满足不同学生的学习需求。

数字化时代也带来了一些新的挑战和问题。信息泛滥和信息真实性难以保障成为一个突出的问题。互联网上充斥着大量的信息和内容，其中既有正面的法治教育与德育资源，也有负面的、不良的信息和价值观。学生很容易受到不良信息的影响，导致价值观念的扭曲和混乱。因此，如何教育学生辨别信息的真伪、评价信息的可靠性成为一个亟待解决的问题。数字化技术的普及也加剧了教育资源的不平等现象。在一些发达地区，学校和教师可以充分利用数字化技术进行教学，提供高质量的教育资源和服务；而在一些贫困地区或发展中国家，由于缺乏数字化设备和网络资源，学生很难享受到高质量的教育资源。这种教育资源的不平等现象可能加剧社会的不公平，导致教育机会的不均等，这也是数字化时代面临的一个重要挑战。针对数字化时代面临的挑战，我们需要采取一系列的应对策略。我们应该加强对学生的信息素养教育，培养他们辨别信息的能力和批判思维能力，使他们能够理性、客观地看待网络信息。我们应该加大对数字化设备和网络资源的投入，促进教育资源的普及和共享，缩小城乡、地区之间的教育差距。同时，我们还应该加强对教师的数字化教育培训，提高他们运用数字化技术进行教学的能力和水平，为法治教育与德育的发展提供更好的支持和保障。通过这些努力，我们可以更好地应对数字化时代的挑战，推动法治教育与德育向更高水平迈进。

第四节　法治教育与德育的必要性

一、培养良好的公民素质

法治教育和德育是培养公民素质、促进社会和谐稳定发展的重要组成部分。法治教育注重规则和法律的学习，旨在教导人们遵守法律、尊重法律，从小培养出守法、守规的意识和习惯。而德育则侧重于培养人的道德品质、价值观念和行为准则，使人具备良好的道德素养和社会责任感。通过法治教育与德育的结合，可以培养出具备良好公民素质的国民，促进社会和谐稳定的发展。法治教育是培养公民法律意识和法治观念的重要途径。通过学习法律知识、了解法律规定，人们能够认识到法律的重要性和权威性，树立守法意识，自觉遵守法律规定，不违法、不犯罪。从小培养出守法守规的良好习惯和行为，有利于构建社会和谐、法治的环境。德育注重培养人的道德品质和行为准则。通过道德教育，人们能够树立正确的价值观念，培养出高尚的道德情操和良好的品德品质，具备社会责任感和公共意识，能够为他人、为社会做出积极贡献。德育不仅关注个体的品德修养，更重要的是培养出一种社会责任感和公德心，促进社会的和谐发展。

法治教育和德育的结合，可以使人们既具备遵守法律的意识和行为准则，又具备良好的道德品质和社会责任感。这样的公民具有自觉遵守法律、尊重法律的品质，同时又能够积极践行社会主义核心价值观，为社会的和谐稳定发展做出贡献。通过法治教育与德育的有机结合，可以培养出具有法治观念和道德情操的新时代公民，为建设法治社会、构建和谐社会提供坚实的人才基础。在实践中，应该注重法治教育和德育的统一融合，将法律教育和道德教育相互贯通，相辅相成。在学校教育中，可以通过法治课程和德育课程的设置，引导学生深入了解法律、学习法律，同时培养其良好的道德品质和行为习惯。在社会实践中，可以通过法律宣传和道德教育活动的开展，提升公众的法治观念和道德素养，推动全社会形成守法、守规、守德的良好氛围。只有通过法治教育与德育的有机结合，才能够真正实现国民素质的提升，促进社会的和谐稳定发展。

二、保障社会公平正义

法治教育教导人们遵守法律，倡导公平正义的原则，维护社会秩序和公共利益。而德育则强调培养人的善良、宽容、公正等品质，使人们能够关爱他人、助人为乐，促进社会的公平正义。法治与德育的结合可以促使人们更加尊重法律，积极参与社会公益事业，共同建设一个公平正义的社会。法治教育的重点在于培养公民的法律意识和法治观念。通过法律教育，人们能够了解法律的重要性和权威性，树立守法意识，自觉遵守法律规定，不违法、不犯罪。法治教育强调法律的平等适用和公正执行，倡导公民依法行事，维护社会秩序和公共利益，从而构建一个法治社会的基础。德育的核心在于培养人的良好品德和道德观念。德育强调人的善良、宽容、公正等品质，鼓励人们关爱他人、助人为乐，树立正确的价值观念和行为准则。通过德育，人们能够具备社会责任感和公共意识，自觉维护社会公平正义，促进社会的和谐稳定。

法治教育和德育的结合，可以实现法律意识和道德情操的双重培养。在法治的框架下，德育能够加强法律教育的内化和外化过程，使人们在尊重法律的同时，更加注重道德行为和社会责任。通过法治与德育的有机结合，可以培养出具备良好公民素质的国民，促进社会的公平正义和和谐发展。法治教育教导人们遵守法律，德育强调培养社会责任感和公共意识，二者结合可以使人们更加自觉地维护社会秩序和公共利益。法治教育注重规则和法律的学习，德育强调培养人的善良品质和道德观念，通过两者结合可以使人们具备良好的公民素质和社会道德。法治教育倡导公平正义的原则，德育强调人的公正、善良等品质，通过两者结合可以促使人们更加尊重法律，积极参与社会公益事业，共同建设一个公平正义的社会。

第二章 法治教育与德育的课程设计与实施

第一节 法治教育与德育课程的设计原则

法治教育和德育课程的设计原则应该相辅相成，共同促进学生的全面发展。这两者之间存在着密切的关联和互动，它们在塑造学生的思想品德、行为规范和社会责任感方面都起着重要作用。在设计这两种课程时，需要综合考虑多方面因素，确保教育目标的有效实现，促进学生的全面发展。整合性原则是设计法治教育和德育课程的基础。这意味着两者不应该被看作完全独立的课程，而应该在教学内容、方法和活动等方面进行有机整合。通过整合，学生能够更加全面地理解法治与德治的关系，形成健全的法律意识和良好的道德品质。系统性原则是设计课程的重要考量因素之一。

一、全面性和综合性设计原则

在法治教育与德育课程的设计中，涉及宪法、法律法规、司法制度等方面的基础知识，以及具体领域的法律知识，如民法典、刑法、行政法等。同时也包括个人道德素养、价值观念、道德决策等方面的知识，以培养学生正确的道德认知和行为准则。还包括公民的权利与义务、参与民主政治的意识和能力、社会参与和公共事务管理等方面的知识和技能，以培养学生积极的公民参与意识和能力。基础法律知识的教学。法治教育的核心之一是向学生传授基础法律知识，使他们能够理解国家的宪法、法律法规和司法制度。这包括介绍宪法的基本原则和价值观、法律法规的层级和适用范围，以及司法制度的组成和运作机制。通过系统的课程安排和生动的教学方式，使学生能够深入了解国家法律体系的基本构架和运行机制。具体领域法律知识的传授。除了基础法律知识外，德育课程还应该涵盖具体领域的法律知识，如民法、刑法、行政法等。公民权利与义务的教育。法治教育旨在培养学生积极的公民参与意识和能力，使他们能够充分行使自己的公民权利，履行相应的公民义务。课程设计应该涵盖公民的权利与义务，介绍公民在社会中的地位和作用，培养学生的法治意识和社会责任感，促使他们成为具有社会责任感和公民意识的合格公民。民主政治参与和社会管理能力的培养。法治教育与德育课程还应该培养学生参与民主政治和社会管理的意识和能力，使他们能够积极参与社会事务，为社会的进步和发展做出贡献。通过课程设计和实践活动，引导学生了解民主政治的原理和运作方式，培养他们的民主思维和决策能力，提升他们的社会管理能力和领导才能。

（一）灵活性原则与针对性原则

1. 灵活性原则

课程设计是教育工作者面临的一项重要任务，它需要考虑到学生的年龄、发展水平、兴趣爱好以及背景特点，以确保内容具有适应性，能够吸引学生的兴趣并促进他们的学习。特别是在法治教育和德育课程的设计中，更需要注重这些方面，因为这些课程直接关系到学生的道德素养和社会责任感的培养。针对不同年龄段的学生，课程设计需要根据他们的认知水平和心理发展特点进行调整。比如，在小学阶段，课程可以以生动有趣的故事、游戏等形式呈现，让学生在轻松愉快的氛围中接受法治和德育的教育；而在中学阶段，则可以逐渐引入更深入的案例分析、讨论和实践活动，培养学生的批判性思维和问题解决能力。考虑到学生的兴趣爱好，课程设计应该尽量贴近学生的生活实际和兴趣所在。例如，可以结合学生喜欢的体育运动、音乐、艺术等元素，设计相关的法治教育和德育课程内容，使之更具吸引力和可操作性。通过与学生兴趣相关的内容，不仅能够增强学生的参与度，还能够更好地引导他们将所学知识应用到实际生活中去。背景特点也是课程设计需要考虑的重要因素之一。不同地区、不同社会背景的学生可能面临着不同的价值观念和道德观念，因此，课程设计需要充分考虑到学生的文化背景和社会环境，尊重和体现学生的多样性。在教学过程中，可以通过举一反三、引导讨论等方式，让学生在尊重他人的基础上，理解和接纳不同文化、不同观点，培养他们的包容心和团队合作精神。法治教育和德育课程的设计应该注重实效性和可持续性。课程内容需要贴近实际生活，注重与学生的实际经验相结合，让他们能够将在学校学到的知识和技能真正应用到日常生活中去。同时，课程设计也应该具有可持续性，不断更新和完善课程内容，以适应社会的变化和学生的成长发展需求。法治教育和德育课程的设计需要考虑到学生的年龄、发展水平、兴趣爱好和背景特点，确保内容具有适应性，能够吸引学生的兴趣并促进他们的学习。只有这样，才能够更好地培养学生的法治意识和道德素养，使他们成为德智体美劳全面发展的社会主义建设者和接班人。

2. 针对性原则

在设计课程时，必须考虑到社会文化背景和国家教育目标，以有针对性地培养学生的法治观念、道德品质和社会责任感，从而使他们具备适应社会需求的能力。这样的课程设计需要遵循一系列原则，以确保教育的有效性和可持续性。课程设计应当紧密结合当地社会文化背景。每个国家、每个地区都有其独特的文化传统和社会价值观念。因此，课程设计需要考虑到这些特点，确保所传授的法治观念和道德品质与当地的文化背景相契合。例如，在一个以家庭观念为重的社会，课程可以强调家庭伦理和责任感的重要性，以培养学生的家国情怀和社会责任感。课程设计应当贴合国家教育目标和政策导向。每个国家都有其明确的教育目标和政策方向，这些目标和方向通常反映了国家发展的需要和价值取向。因此，课程设计应当与之保持一致，以确保教育的方向性和导向性。例如，如果一个国家提出了"建设法治社会"的教育目标，那么课程设计就应该围绕着培养学生的法治观念展开，强调法律意识和法治精神的培养。课程设计应当注重学生的实践能力和应用能力。法治教育和德育课程不仅仅是传授知识，更重要的是培养学生的实践能力和应用能力，使他们能够将所学知识应用到实际生活中。因此，课程设计应当注重实践性教学和项目化学习，通过参与实际案例分析、社会实践活动等方式，让学生在实践中学习、在实践中成长。课程设计应当注重跨学科和综合性。法治教育和德育课程涉及多个学科领域和方面，因此，课程设计应当尽可能地涵盖多个学科内容，并且通过综合性的教学方法进行整合，以促进学生对知识的综合理解和应用。例如，可以将语文、历史、政治等学科内容融入法治教育和德育课程中，使学生能够从多个角度理解法律、道德和社会责任的意义。课程设计应当注重个性化和差异化。每个学生都有其独特的特点和需求，因此，课程设计应当尽可能地考虑到学生的个性化需求，以便更好地满足其学习和成长的需要。例如，可以通过不同的教学方法和评价方式，为学生提供多样化的学习体验和成长空间，使每个学生都能够得到适合自己的教育。课程设计应当根据社会文化背景和国家教育目标，有针对性地培养学生的法治观念、道德品质和社会责任感。这需要遵循一系列原则，包括紧密结合当地社会文化背景、贴合国家教育目标和政策导向、注重学生的实践能力和应用能力、跨学科和综合性以及个性化和差异化等原则，以确保教育的有效性和可持续性。

（二）启发性原则与参与性原则

1. 启发性原则

通过启发式的教学方法和案例分析，可以有效地激发学生的学习兴趣和主动性，促使他们思考和探索法治教育和德育的重要性和实践意义。这种教学方法不仅可以帮助学生更好地理解和掌握知识，还能够培养他们的批判性思维、问题解决能力和社会责任感。启发式教学是一种基于学生自主思考和发现的教学方法，它通过提出问题、引发讨论、激发思考等方式，引导学生自主探索知识，从而提高他们的学习兴趣和主动性。在法治教育和德育课程中，可以通过提出具有挑战性和启发性的问题，引导学生思考法治和道德问题，激发他们对知识的好奇心和探索欲望。以案例分析为教学载体。案例分析是一种重要的教学方法，通过具体的案例来展示理论知识的实践应用，可以帮助学生更好地理解和掌握知识，同时也能够培养他们的问题解决能力和实践能力。在法治教育和德育课程中，可以选取一些具有代表性的法律案例或道德事件，通过分析这些案例或事件，让学生深入了解法治和道德原则的具体应用，引导他们思考和探索其中的道德、法律和社会意义。注重问题导向和探究性学习。如杀人者是否应当被宽恕？这个案例可以让学生思考的是，即使面对最严重的罪行，是否还有宽恕的可能？通过讨论这个案例，学生可以深入探讨道德原则中的宽容和仁慈，以及法律中的惩罚和制裁。在民事责任与法律赔偿的案例中，例如，一起交通事故引发的民事诉讼。这个案例可以让学生理解民事责任的概念，以及法律如何保护受害者的权益，同时也引导他们思考道德上的责任与义务。在知识产权侵权案例的案例中，例如，盗版、抄袭等行为。通过分析这类案例，学生可以了解知识产权的重要性，以及侵犯知识产权的后果，引导他们遵守法律，保护他人的创造成果。网络欺凌事件在当今社会越来越普遍。通过分析网络欺凌事件，学生可以认识到言论自由与尊重他人的权利之间的平衡，了解网络行为也受到法律的规范。法治教育和德育课程的设计应当注重培养学生的批判性思维和问题解决能力，让他们能够主动思考和探索法治和道德问题。因此，在教学过程中，可以通过提出具有挑战性的问题，引发学生的思考和讨论，激发他们的学习兴趣和主动性。同时，还可以组织学生开展小组研究或实践项目，让他们通过实际操作来深入了解和探索法治和道德问题，培养他们的实践能力和社会责任感。

重视情境教学和体验式学习。法治教育和德育课程的设计应当贴近学生的生活实际和社会情境，让他们能够在实践中学习、在体验中成长。因此，可以通过组织模拟法庭、法律实践课、社会调查等形式，让学生在情境中体验法治和道德的重要性和实践意义，从而增强他们的学习体验和成长体验。注重个性化和差异化教学。每个学生都有其独特的学习方式和学习需求，因此，法治教育和德育课程的设计应当尽可能地考虑到学生的个性化和差异化需求，以便更好地满足他们的学习和成长需要。可以通过灵活的教学方式和多样化的教学资源，为学生提供个性化的学习支持和指导，使每个学生都能够在教育中找到自己的位置和价值。

2. 参与性原则

通过项目化学习、讨论和实践活动，可以有效提高学生的参与度和实践能力，同时培养他们的团队合作、问题解决和决策能力，为日后的社会生活和职业发展打下坚实基础。在设计法治教育与德育课程时。强调项目化学习。项目化学习是一种注重学生参与、合作和实践的教学方法，通过学生自主设计和实施项目，达到学科知识与实践能力的结合。在法治教育和德育课程中，可以设立具有挑战性和实践性的项目任务，让学生通过合作解决问题、展示成果，从而深入理解法治原则和道德规范，并将其运用到实际生活中。重视讨论和交流。讨论是培养学生思辨能力和表达能力的有效途径，可以激发学生的思维，促进他们深入探讨法治和道德问题。在课堂中，可以组织小组讨论、辩论赛等活动，让学生就特定话题展开交流，分享观点和经验，从而增强他们的思辨和表达能力。

注重实践活动。实践是学习的重要环节，通过实践活动，学生可以将所学理论知识应用到实际情境中，增强学习的深度和广度。在法治教育和德育课程中，可以组织学生参与模拟法庭、社区服务、志愿活动等实践项目，让他们亲身体验法治和道德的重要性，培养他们的实践能力和社会责任感。此外，重视团队合作和协作能力的培养。团队合作是现代社会中必备的能力，通过合作，学生可以相互借鉴、共同探索问题、共享成果。在法治教育和德育课程中，可以通过小组项目、合作讨论等方式，培养学生的团队合作和协作能力，让他们学会倾听、尊重他人意见，并在团队中发挥自己的特长。注重问题解决和决策能力的培养。问题解决和决策能力是现代社会中重要的能力，学生需要具备分析问题、提出解决方案、做出决策的能力。在法治教育和德育课程中，可以通过设立实践案例、角色扮演等活动，让学生在实践中锻炼问题解决和决策能力，培养他们的判断力和执行力。通过项目化学习、讨论和实践活动，可以有效提高学生的参与度和实践能力，同时培养他们的团队合作、问题解决和决策能力，为日后的社会生活和职业发展打下坚实基础。在设计法治教育与德育课程时，应当重视项目化学习、讨论和交流、实践活动、团队合作和协作能力的培养，以及问题解决和决策能力的培养等原则，以确保教育的有效性和可持续性。

二、多元性和包容性设计原则

（一）文化尊重与包容原则

法治教育与德育课程的设计应该充分尊重不同文化和宗教的多样性，避免一种文化或宗教占主导地位，而是提供多元化的学习内容和视角。通过教学内容和活动，鼓励学生了解和尊重不同文化、宗教和价值观念，培养他们的包容心和跨文化交流能力。倡导文化多元性。通过引入不同文化和宗教的案例、故事和实践活动，让学生了解不同文化、宗教和价值观念之间的差异与共通之处，从而增强他们的文化认知和包容心。提供多元化的学习内容和视角。法治教育与德育课程的设计应该涵盖多种文化和宗教的内容，以丰富学生的知识面和视野。通过引入多元化的教材和资源，让学生从不同的视角来理解法治和道德问题，从而培养他们的跨文化交流能力和全球视野。促进跨文化交流与合作。在课程设计中，可以通过组织跨文化交流活动、合作项目等方式，让学生与来自不同文化和宗教背景的同学合作，共同探讨法治和道德问题，分享自己的文化经验和观点，从而增进彼此之间的理解和友谊。培养跨文化交流能力和敏感性。法治教育与德育课程的设计应该注重培养学生的跨文化交流能力和敏感性，让他们学会尊重不同文化和宗教的差异，理解和包容他人的文化习俗和价值观念。通过教学内容和活动，引导学生从多元化的角度来思考和解决问题，培养他们的包容心和文化适应能力。建立开放与包容的教育环境。教育机构应该创造一个开放与包容的教育环境，鼓励学生自由表达观点、分享经验，尊重和欣赏不同文化和宗教的多样性。教师应该以身作则，引导学生尊重他人、理解他人，营造一个和谐友善的学习氛围，让每个学生都能够感受到被尊重和被理解的温暖。通过教学内容和活动，鼓励学生了解和尊重不同文化、宗教和价值观念，培养他们的包容心和跨文化交流能力。

（二）跨文化交流与共存原则

在课程设计中，促进学生之间的跨文化交流和互动是至关重要的。这不仅能够帮助学生更好地了解和尊重彼此的文化差异，还能够建立友好互信的关系，培养学生的团队合作精神和文化包容性，为日后的社会生活和工作环境做好准备。创设多样化的学习场景和机会。为了促进跨文化交流和互动，课程设计应该充分考虑到学生的多样性和文化差异，创设各种丰富多彩的学习场景和机会。例如，可以组织跨文化交流活动、文化节庆、国际文化展示等活动，让学生通过参与互动，亲身体验和感受不同文化之间的交流和融合。注重教学内容的多元化和全面性。强调团队合作和跨文化合作能力的培养。团队合作是现代社会中必备的能力，通过合作，学生可以相互借鉴、共同探索问题、共享成果。在法治教育与德育课程中，可以通过小组项目、合作讨论等方式，培养学生的团队合作和跨文化合作能力，让他们学会倾听、尊重他人意见，并在团队中发挥自己的特长。

重视文化包容性和文化智慧的培养。文化包容性是一种重要的素养，学生需要学会尊重和理解不同义化和宗教的差异，建立开放和包容的心态。在课程设计中，可以通过教学内容和活动，引导学生从多元化的角度来思考和解决问题，培养他们的包容心和文化智慧，从而提升他们的跨文化交流能力和社会适应能力。营造开放与包容的教育环境。教育机构应该创造一个开放与包容的教育环境，鼓励学生自由表达观点、分享经验，尊重和欣赏不同文化和宗教的多样性。教师应该以身作则，引导学生尊重他人、理解他人，营造一个和谐友善的学习氛围，让每个学生都能够感受到被尊重和被理解的温暖。通过课程设计促进学生之间的跨文化交流和互动，可以帮助他们更好地了解和尊重彼此的文化差异，建立友好互信的关系，培养学生的团队合作精神和文化包容性，为日后的社会生活和工作环境做好准备。在法治教育与德育课程的设计中，应该注重创设多样化的学习场景和机会、教学内容的多元化和全面性、团队合作和跨文化合作能力的培养、文化包容性和文化智慧的培养，以及营造开放与包容的教育环境等原则和方法，以确保教育的有效性和可持续性。

第二节　法治教育与德育融合的案例研究

一、案例背景

某中学开展了法治教育与德育融合的实践活动。学校通过设计课程、开展活动和组织实践，旨在提高学生的法治意识、德育水平和社会责任感。

二、实施步骤

（一）设计跨学科的法治课程

学校设计了一门跨学科的法治课程，旨在将法律知识与道德教育有机结合，以帮助学生全面理解法律的基本原则和核心价值观。通过这门课程，学生将不仅仅了解法律体系的构建和功能，更将深入思考法治在社会中的作用和意义。这一课程的目标不仅在于传授法律概念和规定，更在于引导学生树立正确的法治观念和道德理念，促使他们在日常生活中以及未来的社会角色中都能遵守法律、尊重法律、维护法律。

（二）组织法治实践活动

学校积极组织学生参观法院、公安局等司法机构，将法治教育与德育融合，让学生亲身感受法治实践，深入了解法律的执行和维护过程，从而增强他们的法律意识和公民责任感。这样的参观活动不仅是学生学习法律知识的机会，更是培养他们品德和行为的重要途径之一。在参观过程中，学生们不仅能够了解法律的条文和程序，还可以目睹司法工作者如何秉持公正、坚守原则，以及他们面对挑战时的应对方式。通过亲身体验，学生们能够更直观地认识到法治对社会秩序和公共安全的重要性，同时也能够明白自己作为公民的责任和义务。这种综合的法治教育不仅有助于学生形成正确的法治观念，更能够塑造他们的良好品格和行为习惯，使他们在成长过程中成为拥有法律素养和社会责任感的公民。

（三）开展法治教育与德育主题活动

学校积极开展融合法治教育与德育的一系列主题活动，旨在引导学生树立正确的道德观念，培养他们的社会责任感和公民素质。这些活动不仅着重于传授道德理念和行为准则，更将法治教育融入其中，让学生深刻理解法治与道德的密切关系，认识到法治在培育良好品德和行为习惯中的重要作用。在品德培养讲座中，学校可以邀请法律专家、社会人士等来授课，围绕道德与法治的关系展开深入探讨。学生不仅会听到道德观念的传递，还会深入探讨法律对于维护社会公平正义的作用，以及每个人在社会中应承担的法律责任。通过讲座，学生可以从理论上了解法治对于维护社会秩序的重要性，从而树立正确的法治观念。志愿服务活动则为学生提供了实践道德理念的平台。学校可以组织学生参与社区服务、环保活动等，让学生亲身体验到奉献与责任的意义，培养其社会责任感和团队合作精神。在这些活动中，学生将面对各种社会问题，通过实际行动去解决这些问题，从而增强其对社会的认同感和责任感，培养出具有社会责任感和团队合作精神的公民素质。校园文明创建活动也是法治教育与德育融合的重要途径。学校可以通过组织各种文明礼仪宣传活动、规章制度宣传教育等方式，引导学生树立尊重规则、维护秩序的意识。这些活动将法治概念贯穿其中，使学生从小就养成尊重规则、遵守秩序的良好习惯，进而培养他们的公民素质和法治意识。通过这些融合法治教育与德育的活动，学校致力于全面培养学生的道德品质和法治意识，使他们在成长过程中不仅具备优秀的学业成绩，更具备良好的品格和社会责任感，为建设和谐社会做出积极贡献。这样的活动不仅有助于学生全面发展，也有助于学校构建积极向上、和谐稳定的校园文化氛围，促进学校教育事业的健康发展。

三、实施效果

通过将法治教育与德育融合到学校的日常教育实践中，学校可以取得显著的成效。学生的法治意识得到明显提高，他们对法律有更深入的理解和认识。这得益于学校组织的法治教育活动，让学生通过参观法院、模拟法庭等方式，亲身感受法律的权威性和适用性，进而增强对法律的尊重和遵守意识。学生的道德素养和社会责任感也得到显著增强。通过参与志愿服务、品德培养讲座等活动，学生深刻领会到公民责任和社会参与的重要性，培养自觉遵纪守法、关爱他人的良好品德品质和行为习惯。学校的法治文化和德育氛围得到进一步建设和加强。学校通过法治教育与德育融合，营造尊重法律、尊重规则的校园文化，形成以法治为基础、以德育为灵魂的育人环境。这不仅有助于学校内部的和谐发展，还能够培养学生积极参与社会、承担社会责任的意识和行动，推动学校与社会的良性互动，共同促进社会的和谐与进步。这个案例研究充分说明了通过将法治教育与德育融合到学校的日常教育实践中，可以有效提高学生的法治观念、道德素养和社会责任感，促进他们的全面发展和综合素质提升。这种融合型教育模式不仅符合现代社会对人才培养的需求，更有助于培养学生成为具有法治意识和社会责任感的公民。

第三节 法治教育与德育的课程评估与改进

一、法治教育与德育的课程评估

（一）知识掌握理解程度

评估学生对法律法规、道德理念和价值观念的掌握情况是法治教育与德育课程中至关重要的一环。这样的评估不仅可以帮助教师了解学生的学习情况，还能够指导教学内容和方法的调整，以确保学生对相关概念和原则的理解程度。考试是一种常用的评估形式。通过设置选择题、填空题、解答题等不同类型的题目，考察学生对法律法规、道德理念和价值观念的掌握情况。考试可以覆盖课程中的各个知识点和概念，测试学生对相关内容的理解程度和运用能力。同时，考试还可以促使学生进行复习和总结，加深对知识的理解和记忆。作业是另一种有效的评估形式。通过布置阅读材料、案例分析、论文写作等作业任务，考察学生对法律法规、道德理念和价值观念的理解和应用能力。作业可以要求学生独立思考和分析问题，提出自己的见解和观点，从而促进他们的思维能力和创造力。同时，作业还可以反映学生对课程内容的理解程度和学习态度，为教师提供有价值的反馈信息。项目报告是一种能够全面评估学生能力的形式。通过设计项目任务，要求学生深入研究和探讨特定的法律或道德问题，撰写项目报告并进行口头展示，从而考察他们的研究能力、表达能力和团队合作能力。项目报告可以涵盖课程中的重要概念和原则，同时还能够培养学生的批判性思维和创新能力，提升他们的学术水平和实践能力。此外，课堂讨论和小组活动也是评估学生掌握情况的重要方式。通过组织课堂讨论、小组讨论、角色扮演等活动，引导学生就特定的法律或道德问题展开深入交流和思考，从而了解他们的思维过程和逻辑推理能力。课堂讨论和小组活动还能够促进学生之间的互动和合作，培养他们的团队合作精神和交流能力。

在评估学生对法治教育与德育课程的掌握情况时，应该遵循以下原则。评估内容应该全面。评估应该覆盖课程中的各个知识点和概念，既包括基础法律知识和道德理念，也包括具体领域的法律知识和实践能力。评估方法应该多样化。评估可以采用考试、作业、项目报告、课堂讨论等多种形式，以全面了解学生的学习情况和能力水平。评估应该注重质量。评估任务应该设计合理，考察学生的核心能力和素养，避免机械化的量化评价，注重学生的综合表现和发展潜力。评估应该注重反馈。评估结果应该及时反馈给学生，指导他们进行进一步的学习和提高，同时也为教师调整教学内容和方法提供参考依据。评估应该注重个性化。评估应该根据学生的个体差异和学习需求进行个性化设置，充分考虑到学生的学习风格、兴趣爱好和发展水平，为他们提供个性化的学习支持和指导。

（二）实践能力

评估学生运用法律法规和道德准则解决问题的能力是法治教育与德育课程中至关重要的一环。这种评估旨在考察学生在实际情境中，运用所学知识和理念来分析、判断和解决问题的能力，从而培养他们的法治意识和道德责任感。为了有效评估学生的这一能力，可以采用案例分析、模拟法庭辩论、角色扮演等活动，案例分析是一种常用的评估形式。通过选取具有现实意义的案例，要求学生分析案例背景、提出问题、运用法律法规和道德准则进行分析和判断，从而培养他们的问题分析和解决能力。案例分析可以涵盖各个领域的法律问题和道德困境，引导学生深入思考和探讨案例中的权利义务、利益冲突等问题，促使他们形成合理的判断和决策。模拟法庭辩论是一种能够全面评估学生能力的形式。通过设计模拟法庭案例，要求学生分扮原告、被告、辩护律师等角色，进行辩论和辩护，从而考察他们的法律逻辑思维和辩论技巧。模拟法庭辩论可以让学生在模拟的法庭环境中，实践所学知识和技能，锻炼他们的口头表达能力和辩论技巧，培养他们的批判性思维和判断能力。角色扮演是一种生动有趣的评估形式。通过设计角色扮演任务，要求学生分别扮演演特定的角色，面对不同的情境和挑战，运用所学知识和理念解决问题，从而考察他们的实际应用能力和创造力。角色扮演可以让学生身临其境地体验和理解法律与道德问题，培养他们的情感共鸣和责任担当，激发他们的学习兴趣和积极性。除了以上形式，还可以通过小组讨论、情景模拟等活动进行评估。小组讨论可以促使学生在集体思考和合作中，交流和分享对法律和道德问题的看法和观点，培养他们的团队合作精神和协作能力。情景模拟则可以模拟现实生活中的情境，要求学生运用所学知识和技能解决具体问题，考察他们的应变能力和实践能力。

在评估学生运用法律法规和道德准则解决问题的能力时，应该遵循以下原则。评估内容应该贴近实际。评估任务应该设计有现实意义的情境和问题，考察学生解决实际问题的能力和水平。评估方法应该多样化。评估可以采用案例分析、模拟法庭辩论、角色扮演、小组讨论、情景模拟等多种形式，以全面了解学生的能力和表现。评估应该注重过程和结果。评估不仅应该关注学生的最终表现，还应该关注他们的思考过程和决策逻辑，为他们提供及时的反馈和指导。评估应该注重个性化。评估任务应该根据学生的个体差异和学习需求进行个性化设置，充分考虑到学生的学习风格、兴趣爱好和发展水平。评估应该注重综合性。评估任务应该涵盖法律和道德等多个方面的知识和技能，既包括专业知识和技能，也包括综合运用能力和实践能力。

（三）教学过程的评估

课程评估是教育领域中至关重要的一环，它不仅仅是对学生学习成果的检验，更是对教学过程中各种因素的综合评估。在评估中，除了考虑学生的学习效果外，还应考虑到教师的教学方法、课程内容设计以及课堂氛围等方面的因素。特别是在涉及法治教育与德育的课程评估中，这些因素更加重要。教师的教学方法在课程评估中占据着重要地位。一个富有激情和经验丰富的教师能够激发学生的学习兴趣，引导他们主动参与到课堂活动中。在法治教育与德育课程中，教师应该采用多样化的教学方法，如案例分析、角色扮演、小组讨论等，以增强学生的实践能力和综合素养。此外，教师的语言表达能力和情感沟通技巧也对学生的学习产生着深远的影响。一个表达清晰、富有感染力的教师能够吸引学生的注意力，使他们更好地理解课程内容。课程内容的设计是课程评估中的另一个重要因素。一门好的法治教育与德育课程应该具有循序渐进、条理清晰的特点，能够帮助学生建立起全面的法治观念和正确的道德价值观。课程内容不仅要贴近学生的实际生活，还应该注重与时俱进，引导学生正确处理现实中的法律与道德问题。同时，课程内容的设置应该灵活多样，既有基础理论知识的讲解，又有案例分析和实践活动的设置，以促进学生的深入思考和能力提升。课堂氛围也是影响学生学习效果的重要因素之一。一个积极向上、民主自由的课堂氛围能够激发学生的学习热情，使他们敢于表达自己的观点，乐于参与课堂讨论。在法治教育与德育课程中，教师应该营造一个尊重法律、尊重他人的课堂氛围，鼓励学生勇于批判和质疑，培养他们的辩证思维能力和社会责任感。此外，课堂氛围的营造也需要教师与学生之间的良好关系，教师应该尊重学生的个性差异，关心他们的成长发展，以建立起师生之间的信任和互动。

二、法治教育与德育的课程改进

（一）内容更新与优化

定期审查课程内容是法治教育与德育课程设计中的关键环节，其目的在于确保内容符合时代需求和社会发展，反映最新的法律法规和道德观念。同时，根据学生的兴趣和需求，优化课程内容，使之更加生动、实用和引人入胜。随着时代的发展和社会的变迁，法律法规和道德观念也在不断更新和变化。因此，定期审查课程内容至关重要，以确保课程内容能够与时俱进，反映最新的法律法规和道德观念。在审查过程中，可以借助专业人士、法律专家、德育学者等进行专业评估，也可以进行调研和问卷调查，了解学生和社会的需求和反馈。通过定期审查，可以及时发现和纠正课程中存在的问题和不足，确保课程内容的质量和有效性。根据时代需求和社会发展进行内容更新。法治教育与德育课程的内容应该与时代需求和社会发展保持同步，反映社会的最新变化和趋势。在内容更新过程中，可以参考最新的法律法规、道德理念、社会热点等信息，将最新的知识和观念纳入课程内容，使之更加贴近学生的生活和实际情况。

此外，还可以结合国家教育政策和发展规划，优化课程设置和内容安排，提升课程的实效性和针对性。根据学生的兴趣和需求进行内容优化。学生的兴趣和需求是课程设计的重要考量因素，因此，在课程内容的审查和改进过程中，应该充分考虑到学生的需求和反馈意见。可以通过开展学生调研、座谈会、问卷调查等形式，了解学生的兴趣和学习需求，根据其反馈意见进行课程内容的优化和调整。例如，可以增加与学生生活息息相关的案例分析、实践活动等内容，使课程更加贴近学生的实际需求和兴趣点，提高学生的学习积极性和参与度。还可以借鉴先进的教学方法和技术，优化课程内容。随着科技的发展和教育理念的更新，教学方法和技术也在不断创新和发展。可以借助多媒体教学、在线学习平台、虚拟实验室等先进的教学工具和资源，丰富课程内容和教学手段，提升课程的生动性和实用性。通过运用多种教学方法和技术，可以激发学生的学习兴趣和主动性，提高他们的学习效果和成绩。

在进行课程内容的审查和改进时，应该遵循以下原则。与时俱进。课程内容应该与时代需求和社会发展保持同步，反映最新的法律法规和道德观念，以保持课程的前沿性和有效性。因材施教。在优化课程内容时，应该充分考虑学生的兴趣和需求，根据其不同的特点和学习风格，灵活调整和优化课程设置和内容安排，以提高课程的吸引力和针对性。注重实践性和应用性。课程内容应该具有一定的实践性和应用性，能够与学生的实际生活和职业发展密切相关，从而提高课程的实效性和实用性。此外，还应该注重课程的整体性和系统性，确保课程内容具有层次分明的体系和完整的逻辑结构，以提升学生的综合素质和学习效果。定期审查课程内容，确保内容符合时代需求和社会发展，反映最新的法律法规和道德观念，是法治教育与德育课程设计中的重要环节。在进行内容审查和改进时，应该充分考虑到学生的兴趣和需求，优化课程内容，使之更加生动、实用和引人入胜。同时，还应该遵循与时俱进、因材施教、注重实践性和应用性等原则，以确保课程的质量和有效性。

（二）引入互动性教学

互动式教学活动，如辩论赛、模拟法庭、社区服务项目等，是法治教育与德育课程改进的重要手段。这些活动能够让学生更深入地了解法治和德育的实践意义，培养其团队合作和社会责任感。辩论赛是一种能够激发学生思辨和表达能力的有效方式。

通过参与辩论赛，学生可以就具体问题展开辩论，运用法律法规和道德理念进行论证，培养他们的批判性思维和辩论技巧。例如，可以组织一场关于社会公正和公平的辩论赛，让学生就不同的立场进行辩论，从而深入探讨社会正义和平等的法律和道德意义。通过辩论赛，学生不仅可以了解法治和德育的实践意义，还能够培养其团队合作和沟通能力。模拟法庭是一种能够让学生身临其境地体验法律实践的活动。通过组织模拟法庭活动，学生可以扮演法官、律师、证人等角色，模拟法庭审判过程，体验司法程序和法律逻辑。例如，可以设计一场模拟法庭案件，让学生就具体案例进行辩论和裁决，从而深入了解法律制度和司法原则。通过模拟法庭活动，学生不仅可以加深对法治和德育的理解，还能够培养其批判性思维和判断能力，增强其法律意识，提高法治素养。社区服务项目是一种能够让学生将法治和德育理念付诸实践的途径。通过参与社区服务项目，学生可以将所学知识和技能应用到实际生活中，为社会做出积极贡献。例如，可以组织学生参与社区法律咨询服务，为社区居民提供法律咨询和帮助，从而促进社会和谐和法治建设。通过社区服务项目，学生不仅可以体验法治和德育的实践意义，还能够培养其社会责任感和公民意识，提高其社会参与能力和公共服务意识。

在组织这些活动时，应该遵循以下原则。活动设计应该符合课程目标和学生需求。活动的设计应该紧密围绕课程目标和学生学习需求，注重实践性和针对性，确保活动能够达到预期的教学效果。活动组织应该注重学生参与和体验。活动组织过程中，应该充分考虑到学生的参与意愿和能力水平，鼓励他们积极参与和互动，提高其学习兴趣和体验感受。活动内容应该具有一定的挑战性和启发性，能够激发学生思维和创造力，提高其学习效果和成果。活动的组织和实施过程中，应该注重活动的实效性和可持续性，确保活动能够产生积极的教育影响和社会效益，为学生的全面发展和成长提供持续支持和指导。通过互动式教学活动，如辩论赛、模拟法庭、社区服务项目等，能够更深入地了解法治和德育的实践意义，培养学生的团队合作和社会责任感。在组织这些活动时，应该遵循活动设计符合课程目标和学生需求、注重学生参与和体验、活动内容具有挑战性和启发性、注重活动的实效性和可持续性等原则，以确保活动的有效性和持续性。

（三）建立评估机制

1. 科学的评估机制

定期对课程效果进行评估和反馈，是法治教育与德育课程改进的关键步骤。通过收集学生、教师和家长的意见和建议，及时调整和改进课程设计和教学方法，可以不断提升课程的质量和效果。建立多维度的评估指标体系。评估指标体系应该涵盖课程目标的达成程度、学生学习成果、教学方法的有效性等方面。例如，可以包括课程知识与能力目标的达成情况、学生的学习态度和参与度、教学方法的实效性和创新性等指标。通过建立多维度的评估指标体系，可以全面评估课程的质量和效果，为课程的改进提供科学依据。评估方法和工具应该多样化，包括问卷调查、学生作业、教学观察、课堂测验等形式。例如，可以设计问卷调查，收集学生对课程内容、教学方法和教师表现的评价意见；可以通过学生作业和课堂测验，评估学生对课程知识和技能的掌握程度；可以进行教学观察，评估教师的教学效果和教学方法的实施情况。通过采用多种评估方法和工具，可以全面了解课程的实际情况，发现存在的问题和不足之处。

2. 定期进行评估和反馈

评估和反馈应该是一个持续的过程，是一种定期进行、及时调整和改进课程设计和教学方法。例如，可以每学期末或每学年末进行一次大规模的评估和反馈，收集学生、教师、家长的意见和建议，针对性地调整和改进课程内容和教学方法。同时，还可以在课程开设的过程中，定期进行小规模的评估和反馈，及时发现和解决问题，确保课程的持续改进和优化。还可以建立反馈机制，及时回应学生、教师和家长的意见和建议。例如，可以设立专门的意见箱或网络平台，供学生、教师和家长提出意见和建议，学校管理部门应及时回应并做出相应调整。通过建立反馈机制，可以增强学生、教师和家长的参与感和满意度，提高课程的质量和效果。注重评估结果的运用和反馈。评估结果应该及时反馈给相关教育工作者和决策者，为课程改进提供依据和支持。例如，可以召开专题会议，对评估结果进行深入分析和讨论，制定具体的改进措施和实施计划。同时，还可以加强对评估结果的宣传和推广，提高教育工作者和决策者的重视程度和行动意识。通过注重评估结果的运用和反馈，可以确保评估工作的实效性和可持续性，为课程的改进和优化提供有力支持。建立科学的评估机制，定期对课程效果进行评估和反馈，收集学生、教师和家长的意见和建议，及时调整和改进课程设计和教学方法，是法治教育与德育课程改进的关键步骤。通过建立多维度的评估指标体系、采用多种评估方法和工具、定期进行评估和反馈、建立反馈机制、注重评估结果的运用和反馈等措施，可以不断提升课程的质量和效果，为学生的全面发展和成长提供有力支持。

3. 建立评估团队

在进行法治教育与德育课程的评估和改进过程中，组建一个多样性的评估团队至关重要。这个团队应该由教师、教育专家、学生和家长等各方共同参与，以确保评估的客观性和全面性。教师是课程实施的主要执行者，他们拥有丰富的教学经验和专业知识。他们可以提供课程设计和教学实践的详细情况，分享他们在教学过程中遇到的问题和挑战，以及对学生学习情况的观察和反馈。教师还可以从专业角度评估课程的有效性，并提出改进建议。教育专家具有丰富的教育理论知识和研究经验，能够为评估团队提供专业的指导和支持。他们可以从教育心理学、课程设计等方面对课程进行深入分析，发现课程存在的问题和不足之处，并提出相应的改进方案。教育专家的参与可以确保评估团队的工作具有科学性和系统性。学生是课程的主体，他们对课程的反馈和意见至关重要。通过学生的参与，评估团队可以了解学生对课程内容的理解程度、学习兴趣以及课堂体验等方面的情况。学生还可以提出对课程改进的建议和意见，帮助评估团队更好地把握学生的需求和期待。家长是学生学习的重要支持者和监护人，他们对学生的学习情况和成长有着独特的观察和理解。通过家长的参与，评估团队可以了解家庭对课程的期望和反馈，发现家长在课程实施过程中可能存在的困惑和疑虑。家长还可以提供家庭教育的视角，为课程改进提供有益的建议。在评估团队的组建过程中，需要确保成员的多样性和代表性，包括不同年龄段的学生、不同学科领域的教师、不同专业背景的教育专家以及不同家庭背景的家长。只有这样，评估团队才能够充分代表各方利益，确保评估工作的客观性和全面性。评估团队的工作不仅仅是对课程进行评价，更重要的是提出针对性的改进方案，推动课程的持续发展和提高。评估团队可以通过定期召开会议、开展调研和实地考察等方式，共同研究课程存在的问题和挑战，制订改进计划，并监督改进措施的落实情况。评估团队的努力将为法治教育与德育课程的质量提升提供重要保障，为学生的全面发展和成长创造良好的条件。

第四节　法治教育与德育的跨学科教学方法

一、跨学科教学方法

跨学科教学方法是将不同学科的知识、概念和技能相互结合，通过交叉学科的教学设计和活动安排，促进学生跨学科思维能力和综合素养的发展。在法治教育与德育中，采用跨学科教学方法可以帮助学生更全面地理解和应用法律、道德、社会科学等领域的知识，提升他们的综合素养和解决问题的能力。

二、跨学科教学方法在法治教育与德育中的应用

跨学科教学方法在法治教育与德育中的应用提供了丰富多样的教学手段和活动形式，其中包括模拟法庭审判、角色扮演等活动。通过这些活动，学生能够身临其境地体验法律适用和道德决策的情境，从而深入理解法律原则和道德价值。模拟法庭审判是一种常见的跨学科教学方法，它将法律教育与语言、逻辑思维等学科相结合，通过模拟法庭庭审的形式，让学生在法官、律师、被告等不同角色中体验法律适用和辩论的过程。在模拟法庭审判中，学生需要深入研究案件事实和相关法律条文，运用法律知识和逻辑推理能力进行辩论和辩护，最终达成裁决或解决方案。通过这种活动，学生不仅能够加深对法律原则和程序的理解，还能够培养批判性思维和团队合作精神。角色扮演是另一种有效的跨学科教学方法，在法治教育与德育中有着广泛的应用。通过扮演不同角色，如法官、警察、律师、公民等，学生能够身临其境地体验法律适用和道德决策的情境，从而深入理解法律原则和道德价值。在角色扮演活动中，学生需要扮演不同的角色，负责处理各种法律案件或道德困境，并根据角色身份和职责进行决策和行动。通过这种活动，学生不仅能够增强对法律和道德的认识，还能够培养情感智慧和社会责任感。

（一）语文与法治结合

在当今社会，法治教育和德育一直被视为教育的重要组成部分。法治教育旨在培养

学生的法律意识和法治观念，使他们成为守法公民；而德育则着眼于培养学生的道德品质和人格素养，使其成为有担当的社会成员。然而，传统的教学方法往往局限于单一学科的教学，难以全面地促进学生的法治观念和德育素养的发展。因此，跨学科教学方法应运而生，它将不同学科的知识和技能相结合，通过综合性的教学活动，为学生提供更为丰富和立体的教育体验。文学作品在跨学科教学中扮演着重要角色。文学作品不仅是艺术的表达，更是对社会、人性、道德等方面的深刻反思。通过阅读文学作品，学生可以体验到不同文化背景下的法治观念和道德规范，从中感悟到法治在人类生活中的重要性。例如，《儒林外史》中对官场腐败的揭露和对正直人士的赞美，以及《红楼梦》中对家族道德沦丧的描绘，都可以引导学生思考法治与德育的关系。此外，法律文书也是跨学科教学的重要资源。通过解读法律文书，学生可以了解法律的基本原理和规范，培养他们的法律意识和法治观念。例如，通过分析宪法、法律条文以及相关案例，学生可以深入理解法律的适用和执行情况，从而增强他们的法治素养。

在跨学科教学中，教师可以通过一系列的活动来引导学生思考法治在文学中的体现，并促进他们的德育发展。教师可以选择一些涉及法治和道德议题的文学作品，例如《法治论》《人民的名义》等，引导学生阅读并分析其中的法治元素和道德意义。通过讨论作品中的情节、人物形象以及对社会现实的反映，学生可以深入理解法治与德育的内在联系。教师可以组织学生进行辩论或讨论，探讨一些法律和道德问题。例如，是否应该为了公共利益而牺牲个人权益？这类话题既涉及法治的原则，又牵涉到道德的判断，通过学生之间的辩论与交流，可以促进他们对法治和道德的深入思考。学生可以根据所学知识，自主或集体创作文学作品或戏剧表演，以此来表达对法治和德育的理解和思考。通过参与创作与表演，学生不仅可以提升文学素养，还可以培养团队合作精神和表达能力。教师可以设计一些角色扮演活动，让学生在模拟的场景中扮演不同角色，通过解决具体问题来体验法治的运作和德育的实践。同时，教师还可以引入真实案例，让学生分析案情并提出解决方案，从而培养他们的问题解决能力和判断力。通过参与社会实践和服务学习项目，学生可以深入了解社会现实中的法治问题，并积极参与到解决问题的过程中。例如，学生可以参与法律援助活动，为有需要的人提供法律帮助，同时也可以借此机会感受到法治对社会的重要作用。跨学科教学方法为法治教育与德育提供了全新的途径与可能性。通过结合文学、法律等不同学科的知识和技能，教师可以为学生创造更为丰富和有意义的学习体验，培养其综合素养和社会责任感。在未来的教育实践中，应该进一步探索跨学科教学方法的有效性和可持续性，为培养具有法治观念和良好道德素养的公民做出更大的贡献。

（二）历史与法治结合

通过历史事件的案例分析，让学生了解法治的历史渊源和发展脉络，引导学生从历史中汲取法治的智慧，培养他们的历史意识和法治观念是法治教育与德育跨学科教学方法的重要一环。历史是法治的源头，通过深入研究历史事件，学生可以了解法治在不同文明和时代的演变过程，从而领悟法治的核心理念和智慧，培养自己的法治观念和历史意识。教师可以选取一些具有代表性的历史事件，例如古希腊雅典的民主制度、罗马法的发展、英国的大宪章运动、法国的人权宣言等，通过分析这些事件的背景、过程和影响，让学生了解法治的历史起源和发展脉络。通过对历史事件的案例分析，学生可以深入理解法治的重要性和必要性，从而树立正确的法治观念。

教师可以设计角色扮演的游戏或模拟法庭的活动，让学生扮演历史人物或法律角色，模拟历史事件中的情景和决策过程。通过亲身参与历史事件的角色扮演和模拟活动，学生可以深入了解历史背景和当时的社会环境，从而更好地理解法治的重要性和实践意义。此外，教师还可以通过讨论和辩论的形式，引导学生深入探讨历史事件中涉及的法治问题和道德议题。教师可以组织学生分组讨论或辩论，就历史事件中的法治原则、法律规范、人权保障等方面展开探讨和交流。通过讨论和辩论，学生可以积极思考历史事件中的法治问题，从而培养他们的批判性思维和法治观念。教师还可以组织学生进行文学作品阅读和分析，通过文学作品反映的历史事件和社会现实，引导学生思考法治的历史渊源和发展脉络。教师可以选取一些描写历史事件和法治问题的文学作品，例如《古拉格群岛》《1984》等，通过文学作品的阅读和分析，让学生了解历史事件中的法治问题，并引导他们思考法治的智慧和价值。通过历史事件的案例分析，结合角色扮演、讨论辩论、文学作品阅读等跨学科教学方法，可以有效引导学生了解法治的历史渊源和发展脉络，培养他们的历史意识和法治观念。这种跨学科教学方法不仅可以提升学生的学习兴趣和动手能力，还可以促进他们的批判性思维和团队合作精神，为他们的综合素养和社会责任感的培养奠定坚实的基础。

第三章 法治教育与德育的教师培养与发展

第一节 法治教育与德育教师的专业素养培养

一、教学观摩

（一）优秀教学的重要性

教师应该深刻理解自我提升和专业发展对提高教学质量的重要性，以及持续学习的必要性。在法治教育与德育领域，教师的专业素养尤为关键，因为他们不仅需要具备扎实的学科知识和教学技能，还需要具备良好的道德品质和社会责任感，以身作则，引导学生树立正确的法治观念和道德观念。因此，教师应该注重培养教师的专业素养，鼓励他们进行持续学习和自我提升，以提高教学质量和教育水平。教师应该鼓励教师不断提升学科知识和教学技能。法治教育与德育的实施需要教师具备丰富的学科知识和专业技能，以便能够深入探讨法治理念、道德原则等内容，并通过多种教学方法有效传授给学生。因此，教师可以组织教师参加相关的专业培训、学术研讨会等活动，提升他们的学科水平和教学能力。同时，教师还可以建立教师制度，为教师提供个性化的指导和支持，帮助他们解决教学中遇到的问题，不断提高教学效果。教师应该引导教师注重道德品质和人文素养的培养。法治教育与德育的核心在于培养学生正确的法治观念和道德观念，而教师的道德品质和人文素养直接影响着他们的教育效果和社会影响力。因此，教师可以通过开展道德教育和人文关怀的活动，引导教师加强自我修养，培养高尚的道德情操和社会责任感。例如，组织教师参观纪念馆、慈善机构等地，让他们感受到人类道德文明的历史传承和社会责任的重要性，激发他们的爱国情怀和社会担当。

教师应该鼓励教师积极参与教育实践和社会服务。法治教育与德育需要教师在教学实践中不断探索和创新，通过实际行动引导学生树立正确的法治观念和道德观念。因此，教师可以鼓励教师积极参与学校教育实践活动、社区服务项目等，拓展他们的教育视野和社会影响力。同时，教师还可以建立教师团队，开展教育研究和课题攻关，促进教师之间的交流与合作，共同提高教学质量和教育水平。教师应该为教师搭建专业发展的平台和资源。法治教育与德育需要教师在持续学习和自我提升中不断提高专业素养和教学水平，而教师可以为教师提供学习资源和发展机会，帮助他们实现个人和职业的成长。例如，建立教师交流平台和资源库，为教师提供教学资料、教学方法、教学案例等丰富的教学资源；组织教师参加国内外学术会议和学术交流活动，拓展他们的学术视野和国际影响力。通过这些举措，教师可以激励教师不断追求卓越，持续提升教学质量和教育水平。教师应该深刻理解自我提升和专业发展对提高教学质量的重要性，以及持续学习的必要性。在法治教育与德育领域，教师的任务不仅是培养学生，更是培养教师，帮助他们成长为有担当的教育工作者。因此，教师应该注重培养教师的专业素养，鼓励他们进行持续学习和自我提升，以提高教学质量和教育水平，为社会培养更多更优秀的法治教育与德育人才做出积极贡献。

（二）组织优秀教学观摩的目的与意义

1. 提升教学水平

观摩优秀课堂对于教师的专业素养培养具有重要意义，尤其在法治教育与德育领域。优秀课堂是教学实践的典范，通过观摩优秀课堂，教师可以学习到先进的教学理念、方法和策略，提升自身的教学水平，进而更好地履行法治教育与德育的使命。观摩优秀课堂可以帮助教师学习到先进的教学理念。在法治教育与德育领域，教师需要不断更新自己的教学理念，关注最新的教育理论和实践经验，以更好地指导学生的学习和成长。通过观摩优秀课堂，教师可以了解不同教师的教学理念和教育观念，借鉴他们的成功经验和教学方法，拓展自己的教育视野，丰富自己的教学理念。观摩优秀课堂可以帮助教师学习到先进的教学方法。法治教育与德育的实施需要教师掌握多种教学方法和策略，以便能够有效地引导学生学习法治理念和培养良好的道德品质。通过观摩优秀课堂，教师可以看到不同教师采用的教学方法和教学策略，了解它们的优点和特点，从而借鉴和运用到自己的教学实践中，提升教学效果和教育质量。

观摩优秀课堂可以帮助教师学习到先进的教学策略。在法治教育与德育领域，教师需要灵活运用各种教学策略，激发学生的学习兴趣和潜能，促进他们的全面发展。通过观摩优秀课堂，教师可以了解不同教师采用的教学策略和教学手段，如案例分析、角色扮演、讨论辩论等，探讨它们的实施效果和应用场景，从而丰富自己的教学策略库，提升教学的多样性和灵活性。观摩优秀课堂可以帮助教师发展自己的专业素养。法治教育与德育的实施需要教师具备高水平的专业素养，包括扎实的学科知识、丰富的教学经验、高尚的师德品质等。通过观摩优秀课堂，教师可以借鉴他人的成功经验和教学技巧，不断提高自己的教学水平和教育能力，加强对法治教育与德育的理解和把握，进而更好地为学生的成长和发展做出贡献。观摩优秀课堂对于教师的专业素养培养具有重要意义，尤其在法治教育与德育领域。教师可以通过观摩优秀课堂学习到先进的教学理念、方法和策略，不断提升自己的教学水平，为学生的法治观念和道德品质的培养提供更加有效的指导和支持。因此，教育管理者和教师应该重视观摩优秀课堂的作用，为教师提供观摩机会和交流平台，共同促进教师的专业发展和教育事业的进步。

2. 拓宽教学视野

通过观摩不同类型的课堂，教师可以获得丰富的教学经验，了解多种教学模式和教育实践，从而拓宽自己的教学视野，丰富教学方法，提升教学水平。在法治教育与德育领域，观摩优秀课堂对教师的专业素养培养尤为重要，因为它不仅可以让教师了解先进的教学理念和方法，还可以激发他们的创新意识和教育热情，促进教学效果的提高。观摩优秀课堂可以帮助教师了解先进的教学理念和方法。在法治教育与德育领域，教学内容涉及法律知识、道德品质等方面，需要教师具备丰富的教学经验和专业知识。通过观摩不同类型的课堂，教师可以了解先进的教学理念和方法，例如问题导向教学、合作学习、案例教学等，从而丰富自己的教学思路，提升教学水平。例如，在观摩其他教师的课堂时，教师可以借鉴他们的教学手段和策略，如如何引导学生思考法治和道德问题，如何运用多媒体技术提高教学效果等。

观摩优秀课堂可以激发教师的创新意识和教育热情。法治教育与德育是一个不断发展和变革的领域，需要教师具备创新意识和教育热情，不断探索和尝试新的教学方法和策略。通过观摩优秀课堂，教师可以看到其他教师在教学中的创新和突破，从而激发自己的创新意识和教育热情，积极探索适合自己的教学模式和方法。例如，通过观摩其他教师的课堂，教师可以了解不同类型的教学模式和实践，如如何设计情景模拟活动、如何组织学生进行辩论和讨论等，从而启发自己设计更加丰富多样的教学活动，提高教学效果。观摩优秀课堂可以促进教师的专业交流和合作。法治教育与德育是一个涉及多个领域的综合性教育工作，需要教师之间进行积极的专业交流和合作，共同提高教学水平。通过观摩其他教师的课堂，教师可以与其他同行进行交流和讨论，分享教学经验和心得，共同探讨教育问题和挑战，从而促进教师之间的专业交流和合作。例如，教师可以在观摩其他教师的课堂后，进行课堂反思和讨论，分享自己的教学体会和收获，同时也可以向其他教师请教和交流自己在教学中遇到的困难和问题，共同寻求解决方案。观摩优秀课堂对教师的专业素养培养具有重要意义。通过观摩不同类型的课堂，教师可以了解先进的教学理念和方法，激发创新意识和教育热情，促进专业交流和合作，从而提升自身的教学水平和教育质量，为法治教育与德育事业的发展做出积极贡献。

（三）培养教师的反思能力和改进意识

1. 培养反思能力

通过反思和讨论，培养教师对教学实践的批判性思维和自我评估能力，是提高他们对教学效果的认知和把握的重要途径。在法治教育与德育领域，教师的专业素养不仅包括丰富的教学经验和专业知识，还包括批判性思维和自我评估能力，这些能力可以帮助教师不断完善自己的教学方法和策略，提高教学效果和教育质量。反思是培养教师批判性思维和自我评估能力的重要手段。通过反思教学实践，教师可以审视自己的教学行为和教学效果，分析教学中存在的问题和不足之处，进而调整和改进教学方法和策略。例如，在法治教育与德育的教学中，教师可以反思自己在课堂上如何引导学生思考法治问题和道德问题，是否达到了预期的教学目标，以及学生对课程内容的理解和反应等方面。通过反思教学实践，教师可以发现问题，思考解决方案，不断提高自己的教学水平和教育质量。讨论是培养教师批判性思维和自我评估能力的重要途径。通过与同行和同学进行讨论，教师可以分享教学经验和心得，交流教学方法和策略，共同探讨教育问题和挑战。例如，在法治教育与德育的教学中，教师可以组织教研活动或座谈会，邀请其他教师和专家就教学实践进行交流和讨论，分享教学经验和教学成果，共同探讨教学方法和策略的有效性和可行性。通过讨论教学实践，教师可以从不同的角度和视角看待问题，获取更广泛的信息和反馈，从而更加全面地认识和把握教学效果。教师还可以通过学习和参与专业发展活动，不断提升自己的批判性思维和自我评估能力。例如，参加教学研讨会、学术研讨会等活动，了解最新的教学理念和教育方法，与专家和同行进行交流和互动，拓展自己的教学视野和思维方式；参加教学观摩活动，观摩其他教师的课堂，借鉴他们的教学经验和教学方法，反思自己的教学实践，不断改进和完善自己的教学策略和方法。

2. 激发改进意识

通过比较和讨论，激发教师的改进意识，鼓励他们勇于尝试新的教学方法和策略，不断优化自己的教学实践，对于提高教师的专业素养和教学水平至关重要。在法治教育与德育领域，教师需要不断更新教学理念和方法，以应对日益复杂和多样化的教育需求，促进学生的全面发展和社会责任感的培养。因此，比较和讨论可以帮助教师发现教学中存在的问题和不足之处，探索解决方案，提升教学效果和教育质量。比较和讨论可以帮助教师发现教学中的问题和不足之处。通过与同行和同学进行比较和讨论，教师可以了解其他教师的教学方法和策略，发现自己教学中存在的不足之处。例如，在法治教育与德育的教学中，教师可能面临着如何引导学生思考法治问题和道德问题、如何提高学生的参与度和学习兴趣等挑战。通过与其他教师进行比较和讨论，教师可以发现自己教学中存在的问题和不足之处，为进一步改进和优化教学实践提供参考和借鉴。

比较和讨论可以激发教师的改进意识和创新精神。通过了解其他教师的教学方法和策略，教师可以发现教学中的不足之处，并思考如何改进和优化自己的教学实践。

例如，在比较中发现其他教师采用了新颖的教学方法或策略，教师可以受到启发，勇于尝试新的教学方法和策略，不断创新和改进自己的教学实践。通过比较和讨论，教师可以培养敏锐的改进意识和创新精神，促进教学效果的提高和教育质量的优化。比较和讨论还可以促进教师之间的合作和共享。在比较和讨论的过程中，教师可以互相交流和分享教学经验和教学成果，共同探讨教育问题和挑战，共同寻求解决方案。例如，在法治教育与德育的教学中，教师可以比较和讨论不同的教学模式和实践，分享教学经验和教学方法，共同探讨如何更好地引导学生思考法治问题和道德问题。通过比较和讨论，教师可以促进教师之间的合作和共享，共同提高教学水平和教育质量。教师在比较和讨论中扮演着重要的角色。教师可以组织教师进行教学比较和讨论，引导教师发现教学中的问题和不足之处，鼓励他们勇于尝试新的教学方法和策略，促进教学效果的提高和教育质量的优化。同时，教师还可以为教师提供专业指导和支持，帮助他们解决教学中遇到的困难和问题，指导他们进行教学改进和优化。通过比较和讨论，可以帮助教师发现教学中的问题和不足之处，激发教师的改进意识和创新精神，促进教师之间的合作和共享，从而不断优化自己的教学实践，提高教学效果和教育质量。在法治教育与德育领域，比较和讨论对于培养教师的专业素养和教学水平至关重要，可以帮助教师更好地应对教育挑战，促进学生的全面发展和社会责任感的培养。

二、跨学科教育与研讨

（一）认识跨学科教育的重要性

1. 引导教师认识跨学科教育的价值

在法治教育与德育领域，跨学科教育具有重要的意义。首先，需要明确的是跨学科教育能够帮助教师和学生深入理解不同学科之间的相互关联性，从而促进综合性素养的提升。法治教育和德育并非孤立存在，而是与其他学科密切相关，例如历史、政治、哲学、社会学等。通过跨学科教育，教师和学生可以将法治教育与德育与其他学科相互串联，形成更加立体、丰富的知识体系，进而更好地理解法治和德育的内涵、意义及其在不同领域的应用。跨学科教育对于学生综合素养的提升起着至关重要的作用。现代社会对于人才的需求不仅仅是专业知识，更加强调学生的综合能力和素养。跨学科教育能够促使学生超越学科的界限，培养他们的批判性思维、创造力、解决问题的能力以及团队合作精神等综合素养。在法治教育与德育中，学生不仅需要了解法律条文和道德准则，更需要具备综合素养，如辩证思维、伦理道德、社会责任等。通过跨学科教育，学生能够更好地理解法治与德育对于社会发展和个人成长的重要性，形成全面发展的人格。

教师在这一过程中扮演着至关重要的角色。首先，教师需要具备深厚的学科知识和综合素养。只有教师具备了扎实的学科基础，才能够更好地引导学生进行跨学科学习和思考。其次，教师需要具备跨学科教学设计和实施的能力。教师应当能够灵活运用不同学科的知识和教学方法，设计并组织跨学科教学活动，使学生能够深入理解法治与德育的内涵和意义。最后，教师还应当注重培养学生的综合素养，引导他们通过跨学科学习，形成全面发展的人格和价值观。教师的专业素养培养是实现跨学科教育目标的关键。

为了提升教师的专业素养，需要采取多种有效措施。首先，教师需要参加相关的培训和学习活动，不断拓展自己的学科知识和跨学科教学技能。其次，教师需要积极参与学科交流和合作，与其他学科的教师进行沟通和合作，共同探讨跨学科教学的方法和策略。最后，教师需要不断反思和调整自己的教学实践，不断提高教学质量和水平，为学生的综合素养提升提供更好的教育服务。跨学科教育对于法治教育与德育的重要性不言而喻。教师应当充分认识到这一重要性，并积极探索跨学科教学的方法和策略，提升自己的专业素养，为学生的综合素养提升做出积极贡献。

2. 介绍跨学科教育的定义与特点

跨学科教育是指在教学过程中将不同学科之间的知识、概念、技能和方法有机结合，以解决复杂问题、培养学生全面发展的一种教育模式。跨学科教育旨在超越传统学科的界限，促进学生的综合性思维和解决问题的能力，是当代教育的重要趋势之一。在法治教育与德育领域，跨学科教育尤为重要，因为它有助于学生更全面地理解法治与德育的内涵和意义，提高他们的法治素养和道德素养。跨学科教育的原则包括整体性、多样性和开放性。整体性意味着跨学科教育要求将不同学科的知识和概念有机地整合在一起，形成一个完整的教育体系，促进学生全面发展。多样性意味着跨学科教育可以采用多种不同的教学方法和策略，以适应学生的不同需求和兴趣，丰富教学内容，激发学生的学习兴趣和动力。开放性意味着跨学科教育注重教学内容的多元性和灵活性，鼓励学生跨学科思维和创新能力的发展，培养他们解决问题的能力和创造力。跨学科教育的特点包括综合性、实践性和灵活性。综合性是指跨学科教育能够促进学生对不同学科之间相互关联性的理解和认识，使学生能够从多个学科的角度思考和分析问题，形成全面发展的知识结构。实践性是指跨学科教育注重教学内容的实践性和应用性，强调学生通过实际操作和实践活动来加深对知识的理解和应用，培养他们的实际操作能力和解决问题的能力。灵活性是指跨学科教育强调教学方法和策略的灵活性和多样性，教师可以根据学生的实际情况和教学目标，选择合适的教学方法和策略，使教学更加生动有趣，更加贴近学生的学习需求。

　　跨学科教育超越了传统学科的界限，促进了学生综合性思维和解决问题的能力的发展。在法治教育与德育领域，跨学科教育能够帮助学生更全面地理解法治与德育的内涵和意义。例如，在探讨一个社会问题时，学生不仅需要了解相关的法律法规，还需要考虑到道德伦理、社会责任等因素，从而形成一个全面的解决方案。通过跨学科教育，学生能够从不同学科的角度思考和分析问题，培养他们的综合性思维和解决问题的能力。教师在跨学科教育中扮演着重要的角色。首先，教师需要具备丰富的学科知识和综合素养，能够将不同学科的知识有机结合起来，设计并组织跨学科教学活动。其次，教师需要具备灵活的教学方法和策略，能够根据学生的实际情况和教学目标，选择合适的教学方法和策略，促进学生的学习和发展。最后，教师需要注重培养学生的综合素养，引导他们通过跨学科学习，形成全面发展的人格和价值观。教师的专业素养培养对于实现跨学科教育目标至关重要。教师应当充分认识到跨学科教育的重要性，积极探索跨学科教学的方法和策略，提升自己的专业素养，为学生的综合素养提升做出积极贡献。因此，教师应该不断学习和探索，提高自己的教学水平和能力，以更好地适应跨学科教育的发展需求。

（二）学科交叉与法治德育的整合

1. 探索不同学科对法治与德育的贡献

　　在当代社会，法治教育与德育都被认为是塑造公民素养和促进社会进步的重要手段。然而，这两个领域的理解和应用却来自多个学科的交叉与整合。历史学家可以通过讲述历史事件对法治和德育的影响，为学生提供深刻的历史视角。历史上的法律制度和道德观念的演变，往往与社会发展和政治变革密不可分。通过分析不同历史时期的法治制度和德育实践，学生可以更好地理解法治和德育的本质，同时从历史经验中吸取教训，塑造正确的法治观念和道德观念。社会学家可以介绍社会结构对公民责任感的塑造。社会结构对个体的行为和价值观念有着深远的影响。通过分析不同社会群体的结构和功能，学生可以了解社会角色的分工和责任，进而培养公民责任感和社会参与意识。此外，社会学家还可以探讨社会变革对法治和德育的挑战和机遇，引导学生积极参与社会实践，促进社会的稳定与进步。心理学家在法治教育与德育中也发挥着重要作用。心理学研究个体的认知、情感和行为等心理过程，这些过程与法治和德育密切相关。通过心理学的视角，学生可以了解个体行为背后的心理机制，探索法治和德育对个体的影响方式。心理学家还可以介绍心理健康对法治与德育的重要性，引导学生树立正确的人生观和价值观，培养积极健康的心态和行为习惯。通过邀请不同学科的教师分享他们对法治与德育的理解和应用，可以为学生提供多元化的学习体验，帮助他们更全面地理解和应用法治与德育的原理。同时，这也有助于培养学生的跨学科思维能力和综合素养，提升他们的社会责任感和公民素质。在今后的法治教育与德育中，应该进一步推动不同学科之间的交叉与融合，为学生提供更加丰富和深入的学习资源，促进他们全面发展和成长。

2. 分析学科间的交叉点与整合

在法治教育与德育的教学实践中，教师的专业素养和跨学科能力至关重要。通过探索不同学科之间的交叉点，比如历史与法治的关系、心理学与德育的关系等，教师可以更好地整合各类知识资源，提升教学效果，培养学生的法治意识和道德素养。历史与法治的关系是一个值得探索的交叉点。历史是法治的渊源，法律的形成和发展与社会历史、文化传统密切相关。通过历史教育，学生可以了解法律的演变过程、法律制度的建立和发展，从而更好地理解法治的重要性和意义。教师可以将历史教学与法治教育相结合，通过案例分析、历史文献解读等方式，引导学生探讨历史对法治的影响，从而增强他们对法治的认识和理解。心理学与德育的关系也是一个重要的交叉点。心理学研究人类的心理过程和行为规律，德育旨在培养学生的道德品质和行为习惯。教师可以通过心理学知识分析学生的行为动机和心理特点，制定针对性的德育方案。比如，通过心理学的角度分析学生的行为原因，引导他们树立正确的道德观念和行为规范，从而提升德育的效果。

在将这些交叉点整合到教学实践中时，教师需要具备跨学科的知识和能力，能够灵活运用不同学科的理论和方法，设计多样化、创新性的教学活动。同时，教师还需要具备良好的教学能力和沟通能力，能够与学生进行有效的互动和交流，引导他们思考和探索。教师的专业素养培养应该贯穿于教师教育的全过程。在教师培训阶段，应该加强对教师跨学科知识和教学能力的培养，提供系统的教育学、心理学、法学等方面的基础知识和实践技能培训。同时，还应该鼓励教师参与学科交叉研究和教学实践，加强他们对不同学科之间关系的认识和理解。教师还应该积极参与专业发展和学术交流活动，不断提升自己的专业水平和教学能力。可以通过参加学术会议、研讨会，进行学术研究和论文发表等方式，拓展自己的学术视野，不断更新教学理念和方法。教师的专业素养和跨学科能力是促进法治教育与德育发展的关键。通过探索不同学科之间的交叉点，并将其整合到教学实践中，教师可以更好地提升教学效果，培养学生的法治意识和道德素养。同时，教师的专业素养培养应该贯穿于教师教育的全过程，从教师培训到专业发展，为教师提供全方位的支持和保障。

第二节　法治教育与德育中教师的角色与责任

一、法治教育与德育中教师的角色

（一）教学者

在提升法治教育与德育效果的过程中，引导教师探索不同学科之间的交叉点是至关重要的。这样的探索不仅能够丰富教学内容，还能够拓展学生的认知视野，培养他们的跨学科思维能力和综合素养。历史作为一门学科，向我们展示了法治的演变与发展。历史事件、法律制度的形成以及司法实践的变迁都能够为学生提供深刻的法治教育。教师可以引导学生分析历史事件对法治理念的塑造以及法律体系的建立，从而帮助他们理解法治的本质和重要性。通过历史的镜头，学生能够更好地把握法治的发展趋势，树立正确的法治观念。心理学与德育之间也存在着紧密的联系。心理学为我们解释了个体行为和价值观念的形成过程，为德育提供了重要的理论支持。教师可以通过心理学的视角，帮助学生深入理解自我认知、情感管理和道德判断等方面的重要性。

通过心理学知识的传授，学生可以更好地认识自己，树立正确的道德观念，培养健康的心理素质。

如何将这些交叉点整合到教学实践中，以提升法治教育与德育的效果呢？首先，教师需要具备跨学科的专业素养，能够灵活运用不同学科的知识和方法，为学生提供多元化的学习体验。其次，教师可以通过设计跨学科的教学活动，促进不同学科之间的互动与融合。例如，可以组织学生开展跨学科研究项目，探讨历史事件对法治与德育的影响，同时运用心理学知识分析个体行为和价值观念的形成过程。这样的实践活动不仅能够提升学生的学习兴趣，还能够培养他们的批判性思维和问题解决能力。教师还可以通过案例分析、角色扮演等教学方法，引导学生将理论知识应用到实际情境中，培养他们的实践能力和创新能力。通过这些实践活动，学生不仅能够深入理解法治与德育的理论框架，还能够培养扎实的专业素养和实践能力，为未来的社会实践做好准备。通过引导教师探索不同学科之间的交叉点，并将这些交叉点整合到教学实践中，可以有效提升法治教育与德育的效果。教师应该不断拓展自己的跨学科视野，运用多元化的教学方法，为学生提供丰富而有意义的学习体验，促进他们全面发展和成长。

（二）传授者、引导者和激励者

作为教育工作者，法治教育与德育教师的角色至关重要。他们需要具备丰富的教学经验和专业知识，以设计和开展符合学生需求和教育目标的法治教育与德育课程，并引导学生学习相关知识和技能。这些教师在教学实践中扮演着多重角色，既是知识的传授者，又是引导者和激励者，更是学生的良师益友。作为知识的传授者，法治教育与德育教师应该具备扎实的专业知识。他们需要深入理解法治和德育的理论框架，掌握相关的法律法规和道德原则，并能够将这些知识系统地传授给学生。通过精心设计的课程和教学活动，教师可以帮助学生建立起对法治与德育的基本理解，培养其相关领域的专业素养。作为引导者，法治教育与德育教师需要引导学生探索法治与德育的内涵和意义。他们应该激发学生的学习兴趣，引导他们从实践中领悟法治与德育的重要性。通过案例分析、讨论课、角色扮演等多种教学方法，教师可以帮助学生深入思考和理解法治与德育在现实生活中的应用价值，并激发他们对相关问题的思考和探索。作为激励者，法治教育与德育教师应该给予学生充分的支持和鼓励。在学习过程中，学生可能会面临各种挑战和困难，教师应该及时给予帮助和指导，鼓励他们坚持学习，不断提升自己。通过积极的激励和正面的反馈，教师可以增强学生的学习动力和自信心，促进他们全面发展和成长。除了以上角色，法治教育与德育教师还应该是学生的良师益友。他们应该关心学生的成长和发展，倾听他们的心声，为他们提供情感上的支持和关怀。通过建立良好的师生关系，教师可以促进学生的个人成长和自我实现，培养他们健康、积极的人格品质。作为法治教育与德育教师，需要具备丰富的教学经验和专业知识，扮演多重角色，包括知识的传授者、引导者、激励者和良师益友。通过不懈的努力和付出，教师可以为学生提供优质的教育服务，引导他们健康成长，成为具有社会责任感和道德素养的公民。

二、法治教育与德育中教师的责任

（一）心理辅导

作为法治教育与德育教师，我们的责任不仅是传授知识，引导学生探索道德价值观，还包括关注学生的心理健康，并提供针对性的心理辅导工作。了解学生的心理需求和困惑，帮助他们解决心理问题，增强心理素质，是我们作为教育工作者的重要使命之一。在教学实践中，我们常常发现学生在面对法治与德育的学习时，可能会遇到各种心理问题和困扰。例如，一些学生可能会因为法律法规的复杂性而感到困惑和沮丧；有些学生可能会面临道德选择的困境，不知道如何正确应对；还有一些学生可能会因为社交压力或自我认知问题而产生焦虑和抑郁等心理健康问题。作为教师，我们需要敏锐地察觉到这些问题，并及时提供心理支持和帮助。针对这些心理问题，我们可以开展针对性的心理辅导工作。首先，我们需要与学生建立起良好的信任关系，让他们感受到我们的关心和支持。通过倾听学生的倾诉，了解他们的内心感受和困惑，我们可以为他们提供专业的心理咨询和指导。在这个过程中，我们不仅需要具备扎实的心理学知识，还需要具备良好的沟通能力和情感智慧，以有效地引导学生探索并解决心理问题。

我们可以通过心理健康教育的方式，帮助学生增强心理素质。通过课堂讨论、心理健康知识普及以及心理技能训练等形式，我们可以向学生传授有效的应对压力和解决问题的方法，帮助他们建立积极健康的心态和行为习惯。同时，我们也可以组织学生参加各种形式的心理活动，促进他们之间的情感交流和支持，营造一个良好的心理健康氛围。我们需要持续关注学生的心理健康状况，并及时介入和帮助。通过定期的心理健康评估和个别辅导，我们可以及时发现和解决学生的心理问题，避免问题的进一步恶化。在学生面临重大压力事件或困境时，我们更需要给予他们及时的心理支持和关怀，帮助他们渡过难关，重拾信心。通过关心学生、了解他们的需求，我们可以帮助他们解决心理问题，增强心理素质，为他们的全面发展和成长提供坚实的支撑。在这个过程中，我们需要持续学习和提升自己的心理辅导能力，为学生的心理健康保驾护航。

（二）个性发展指导

作为法治教育与德育教师，我们的责任不仅在于传授知识，关注学生的心理健康，还在于根据学生的个性特点和发展需求，给予个性化的指导和建议，帮助他们发掘潜能，树立正确的人生目标和价值观。这种个性化的指导不仅能够促进学生的学业进步，更能够引导他们成长为具有社会责任感和道德素养的公民。每个学生都是独特的个体，拥有不同的背景、兴趣和潜能。作为教师，我们需要深入了解每个学生的个性特点和发展需求，从而能够给予针对性的指导和建议。通过与学生建立起良好的关系，我们可以更好地了解他们的内心世界，发现他们的优势和劣势，从而帮助他们更好地发掘自己的潜能。个性化的指导和建议需要立足于学生的个体差异，因材施教。对于那些学习成绩优秀的学生，我们可以给予更多的挑战性任务和拓展性学习机会，帮助他们充分发挥自己的才能；对于那些学习成绩欠佳或心理压力较大的学生，我们则可以给予更多的鼓励和支持，帮助他们建立自信心，克服困难，实现自己的潜能。

在个性化的指导和建议中，我们不仅要关注学生的学业发展，还要关注他们的个人发展和成长。我们可以帮助学生制订个性化的学习计划和生涯规划，引导他们树立正确的人生目标和价值观。通过与学生的深入交流和探讨，我们可以帮助他们思考自己的兴趣和爱好，选择适合自己的职业方向和生活方式，实现个人价值和社会责任的统一。个性化的指导和建议还需要注重情感关怀和人文关怀。我们应该关心学生的生活情况和家庭环境，给予他们情感上的支持和鼓励。在学生面临困境或挫折时，我们更应该给予及时的关怀和帮助，帮助他们渡过难关，继续前行。通过个性化的指导，我们可以帮助学生发掘潜能，树立正确的人生目标和价值观，引导他们成长为有社会责任感和道德素养的公民，为社会的进步和发展贡献自己的力量。

第三节　法治教育与德育中教师的教育方法与策略

一、法治教育与德育中教师的教育方法

（一）情感教育法

作为法治教育与德育的教师，可以用故事、影视作品等情感化的方式，来引导学生深刻感受法治与道德的重要性，同时培养他们的同情心、责任感和爱心。这种教育方法不仅能够激发学生的情感共鸣，更能够让他们在情感的触动下更深刻地理解和内化相关的价值观念。故事是传递道德和法治观念的有力工具之一。通过精心挑选的故事，向学生展示正义与公平的力量，引发他们的思考和感悟。例如，我们可以选取一些经典的法律故事，如《圣经》中的所罗门智慧判案、《乌鸦喂鸽子》等，通过解读这些故事，向学生阐述法治的原则和重要性，让他们理解法治对社会秩序和个人权益的保障作用。同时，我们也可以选择一些真实故事，如生活中的英雄事迹、善良的行为等，通过这些故事展示道德的力量和人性的美好。例如，可以选取一些关于慈善、友爱、公益等方面的故事，向学生传递爱心与责任的重要性，鼓励他们积极参与社会公益活动，成为社会的积极分子。除了故事，影视作品也是教育学生的重要手段之一。通过精心挑选的影视作品，向学生展示不同社会情境下法治和道德的作用和影响。例如，可以选取一些关于法治与正义的影视剧，如《法医秦明》《人民的名义》等，通过剧情的展开，向学生呈现法治的重要性和法律人的职责使命感。同时，也可以选择一些关于友谊、家庭、爱情等主题的影视作品，通过展示其中的道德冲突和价值选择，引导学生思考道德问题，并从中汲取人生智慧。

在利用故事、影视作品等情感化的方式进行法治教育与德育时，需要注意以下几

点。选择合适的故事或影视作品。故事或影视作品的选取应当符合学生的年龄、兴趣和认知水平，能够引起他们的共鸣和兴趣，达到教育目的。加强引导和讨论。在向学生展示故事或影视作品时，我们需要及时进行引导和讨论，帮助学生理解其中蕴含的法治与道德观念，引发他们的思考和探索。注重情感体验和内化。通过故事、影视作品等情感化的方式进行教育，旨在激发学生的情感共鸣，引导他们在情感的触动下深刻理解和内化相关的价值观念。激发学生的行动和实践。教育的最终目的是促使学生将所学知识和观念转化为行动，因此我们需要引导学生将所获得的法治与道德观念运用到实际生活中，积极参与社会实践，成为具有社会责任感和道德素养的公民。通过故事、影视作品等情感化的方式进行法治教育与德育，不仅能够激发学生的情感共鸣，更能够让他们在情感的触动下深刻理解和内化相关的价值观念。作为法治教育与德育教师，需要善于运用这种教育方法，引导学生积极参与，成为社会的积极分子，为社会的进步和发展贡献自己的力量。

（二）教师制教育法

设立教师制度，让老师担任学生的教师，进行一对一的指导和辅导，是一种极具效果和温暖的教育方法。在这种制度下，老师不仅仅是知识的传授者，更是学生的引路人和榜样，他们通过与学生的深入交流与指导，帮助他们树立正确的法治观念和道德信念，引导他们成长为有社会责任感和道德素养的公民。教师制度强调了个性化的教育。每个学生都是独特的个体，他们有着不同的背景、兴趣和潜能，因此，对待每个学生都需要有针对性的指导和关怀。在教师制度下，老师可以与学生建立起更为亲近的关系，了解他们的个性特点和发展需求，针对性地制定个性化的教育计划和指导方案，帮助他们更好地成长和发展。教师制度强调了持续的关注与支持。在学生的成长过程中，他们可能会面临各种困难和挑战，需要得到老师的及时帮助和支持。在教师制度下，老师可以与学生建立起长期的关系，随时关注他们的学习和生活情况，给予他们情感上的支持和鼓励，帮助他们克服困难，实现自己的潜能。

教师制度强调了积极的引导与激励。作为学生的教师，老师不仅要关注他们的学习成绩，更要关注他们的个人成长和发展。在教师制度下，老师可以通过引导和激励，帮助学生树立正确的法治观念和道德信念，引导他们树立正确的人生目标和价值观。

通过积极的引导和激励，老师可以激发学生的学习兴趣，增强他们的学习动力，使他们更加积极地参与学习和社会实践。教师制度还强调了沟通与合作。在教师制度下，教师与学生之间建立起了密切的合作关系，他们之间的沟通更为顺畅和有效。教师可以通过与学生的深入交流，了解他们的需求和困惑，及时给予指导和建议；学生也可以通过与教师的互动，分享自己的想法和感受，获得老师的理解和支持。通过沟通与合作，教师和学生共同成长，共同进步。

二、法治教育与德育教师的教育策略

（一）情感教育与情景模拟

1. 情感教育

设立教师制度，由老师担任学生的教师，进行一对一的指导和辅导，是一种非常有效的教育策略。通过这种制度，学生可以与老师建立更为密切的联系，得到更个性化、针对性的指导，从而更好地树立正确的法治观念和道德信念。同时，利用角色扮演、情景模拟等方式，让学生亲身体验在不同情境下如何运用法律知识和道德观念解决问题，也是一种极具启发性的教育方法。通过这些实践活动，学生不仅能够加深对法治与道德的理解，还能够培养责任感、公正感和同理心，从而成为具有社会责任感和道德素养的公民。教师制度为学生提供了更为个性化、针对性的指导和辅导。每位学生都可以有一个专属的教师，与其建立起一种信任和沟通的关系。教师可以根据学生的实际情况和需求，制订个性化的学习计划，提供针对性的学习指导和学业辅导。在这个过程中，教师不仅可以向学生传授法治知识和道德观念，还可以帮助他们解决学习中的困难和问题，引导他们树立正确的人生目标和价值观。

2. 情景模拟

角色扮演、情景模拟等方式能够让学生在真实的情境中亲身体验法治与道德观念的运用。通过扮演不同角色或模拟不同情景，学生可以更直观地感受法律与道德在实际生活中的应用，从而加深对其重要性和必要性的理解。例如，可以模拟法庭审判的场景，让学生扮演不同角色，通过辩论、质询等方式解决案件，从而让他们了解法律的适用和公正的原则。同时，可以设计一些真实生活中的情景，让学生在其中面对道德冲突和选择，通过思考和讨论，引导他们树立正确的道德信念和行为准则。角色扮演、情景模拟等方式还能够培养学生的责任感、公正感和同理心。在这些实践活动中，学生需要扮演不同的角色，面对不同的情境和问题，从而学会承担责任、保持公正、理解他人。通过这些经历，学生可以增强对社会责任的认识，培养公正的价值观念和同理心，从而成为有担当、有爱心的社会成员。通过设立教师制度，并结合角色扮演、情景模拟等方式进行法治教育与德育，可以为学生提供更为个性化、针对性的指导和体验式学习机会。这种教育策略不仅能够帮助学生树立正确的法治观念和道德信念，还能够培养他们的责任感、公正感和同理心，为其未来的成长和发展奠定坚实的基础。作为法治教育与德育教师，应该善于运用这种教育方法，引导学生全面发展，成为有社会责任感和道德素养的公民。

（二）个案辅导与个性化关怀

了解学生的个性特点和成长环境，并采取个性化的辅导和关怀措施，是一项重要而有效的教育策略。通过这种方式，法治教育与德育教师可以更好地了解学生的需求和困扰，从而有针对性地帮助他们树立正确的法治观念和价值观念。在实践中，教师可以采取多种策略来实现这一目标，包括个性化的辅导、定期的交流、家访等措施。个性化的辅导是一种重要的教育策略。每个学生都有自己独特的个性特点和发展需求，因此教师需要根据学生的实际情况和特点，量身定制个性化的辅导方案。这可能涉及针对性的学习计划安排、专门的学习方法指导、个人成长规划等。通过与学生的深入交流和了解，教师可以发现学生的优势和劣势，帮助他们充分发挥潜力，树立正确的法治观念和价值观念。定期的交流是促进师生关系发展的重要途径。教师可以定期与学生进行面对面的交流，了解他们的学习情况、生活状态以及心理需求。通过这种交流，教师可以更加全面地了解学生的成长环境和问题所在，为他们提供针对性的支持和指导。同时，这种交流也有助于建立起良好的师生关系，增强学生对教师的信任和依赖，从而更有效地传递法治观念和价值观念。

家访是一种直接有效的教育策略。通过与学生家庭进行定期的沟通和交流，教师可以更加全面地了解学生的家庭环境和成长背景。这有助于教师更好地理解学生的行为和心理状态，为他们提供更为个性化的辅导和关怀。同时，家访也可以促进家校合作，增强家长对学生教育的参与和支持，共同培养学生正确的法治观念和价值观念。情感化教育是一种重要的教育策略。通过故事、影视作品等情感化的方式，教师可以向学生展示法治与道德的重要性，激发他们的情感共鸣和认同感。例如，可以选取一些具有感人故事情节的案例，向学生传递法治与道德的核心价值观念。通过这种方式，学生可以更深刻地理解和内化相关的观念，从而更好地树立正确的法治观念和价值观念。了解学生的个性特点和成长环境，并采取个性化的辅导和关怀措施，是一种重要而有效的教育策略。通过个性化的辅导、定期的交流、家访等措施，教师可以更好地帮助学生树立正确的法治观念和价值观念，促进他们全面发展和成长。同时，情感化教育也是一种重要的策略，通过情感共鸣和认同，激发学生对法治与道德的理解和认同，从而达到教育目的。

第四节　法治教育与德育中教师的职业发展与挑战

一、法治教育与德育关于教师的职业发展

（一）教育研究与论文发表

积极参与教育研究项目，并撰写相关论文或参与教材编写，是法治教育与德育教师职业发展中非常重要的一部分。通过参与教育研究项目，教师们能够深入探索法治教育与德育的理论与实践，不断提升自己在该领域的学术影响力和专业声誉。积极参与教育研究项目可以为教师提供丰富的学术资源和机会。在研究项目中，教师们可以与同行共同探讨教育问题、交流研究成果，从而拓展自己的学术视野和思维方式。通过与其他研究者的合作，教师们可以相互借鉴经验、互相启发，共同推动法治教育与德育领域的发展。撰写相关论文是展示教师学术能力和专业水平的重要途径。教师们可以将自己在教育研究项目中的成果和心得整理成论文，通过发表在学术期刊或参加学术会议的方式，向同行和社会大众分享自己的研究成果。论文的发表不仅可以增加

教师的学术声誉和专业影响力，还可以为其职业发展提供更多的机会和平台。

参与教材编写也是教师职业发展的重要方面。教材是教学的重要工具，编写教材需要教师们具备丰富的教学经验和专业知识。通过参与教材编写，教师们可以深入研究课程内容，提炼教学要点，设计教学活动，从而提高自己的教学水平和教学质量。同时，教师们还可以将自己的理论和实践经验融入教材中，为学生提供更为丰富和有效的学习资源。在参与教育研究项目、撰写论文和参与教材编写的过程中，教师们需要注重以下几点。要保持学习的态度。教育领域的知识和理论都在不断更新和发展，教师们需要保持学习的心态，及时了解最新的研究成果和教育理论，不断提升自己的学术水平和专业能力。要注重团队合作。教育研究项目、论文撰写和教材编写通常需要多人合作完成，教师们需要与同行密切合作，充分发挥团队的力量，共同完成研究任务和教材编写工作。要注重实践与理论的结合。教师们的研究成果和教材编写应该紧密结合自己的教学实践，从实际教学中提炼问题、总结经验，进一步完善理论和方法，为教育实践提供更好的支持和指导。积极参与教育研究项目、撰写相关论文或参与教材编写，是法治教育与德育教师职业发展中非常重要的一部分。通过这些活动，教师们可以不断提升自己在该领域的学术影响力和专业声誉，为教育事业的发展和推进做出更大的贡献。

（二）参与教育管理与政策制定

1. 参与教育管理

积极参与学校和教育行政部门的管理工作，是法治教育与德育教师在职业发展中的重要一环。通过承担教育改革与发展的责任，以及为推动法治教育与德育政策的制定和实施贡献力量，教师们不仅可以提升自身的专业能力和影响力，还可以为教育事业的进步和社会的发展做出积极贡献。积极参与学校和教育行政部门的管理工作，有助于拓展教师的职业视野和能力。在管理工作中，教师们不仅需要具备教学技能，还需要具备组织管理、领导能力等方面的素养。通过参与学校的管理工作，教师们可以接触到更广泛的教育资源和信息，了解教育政策和改革动态，提升自己的综合素养和专业能力。承担教育改革与发展的责任，是教师们在职业发展中迈向更高层次的关键一步。教育改革是教育事业不断发展的动力源泉，而教育发展又需要有志之士的积极投入和参与。作为法治教育与德育教师，积极参与教育改革，推动教育事业的进步，不仅有助于解决当前教育领域存在的问题，还能够为学生的全面发展和社会的长远进步奠定基础。

2. 参与政策制定

为推动法治教育与德育政策的制定和实施贡献力量，是教师们在职业发展中的重要使命。法治教育与德育是教育事业的重要组成部分，其政策的制定和实施关系到国家的长远发展和社会的和谐稳定。作为从事法治教育与德育的专业人士，教师们应该积极参与相关政策的研究和制定，为政府部门提供专业建议和意见，促进法治教育与德育政策的科学制定和有效实施。教师们还可以通过撰写教育研究论文和参与教材编写等方式，提升自己在该领域的学术影响力和专业声誉。教育研究是教师们提升自身专业素养和学术水平的重要途径之一，而教材编写则是传播法治教育与德育理念和知识的重要方式之一。通过这些工作，教师们可以不断深化自己对法治教育与德育的理解和认识，提升自己在该领域的学术地位和影响力，为学生的成长和教育事业的发展做出更大的贡献。积极参与学校和教育行政部门的管理工作，承担教育改革与发展的责任，为推动法治教育与德育政策的制定和实施贡献力量，是法治教育与德育教师在职业发展中至关重要的一环。通过这些工作，教师们不仅可以提升自身的专业能力和影响力，还可以为教育事业的进步和社会的发展做出积极贡献，实现自身价值和社会使命的双重目标。

二、法治教育与德育对教师的职业挑战

（一）教学资源匮乏

在开展法治教育与德育工作时，教师们可能会面临着各种挑战，其中包括学校缺乏足够的资源支持。这些资源包括教材、课程设计、培训机会等，缺乏这些支持会给教师的教育工作带来不小的困难。缺乏合适的教材和教辅资料可能是教师在开展法治教育与德育工作中面临的主要挑战之一。教材的质量直接影响着教学效果，而针对法

治教育与德育的专业教材相对较少，这使得教师们往往需要花费大量时间和精力去搜集、整理相关的教学资料。缺乏标准化和系统化的教材也可能导致教学内容的不完整和不连贯，影响学生的学习效果。课程设计方面的挑战也是比较突出的。法治教育与德育需要结合实际情况，设计出符合学生年龄、认知水平和社会环境的课程内容和教学方法。然而，缺乏足够的资源支持，教师们可能会面临课程设计上的困难，尤其是在针对不同年级和不同学生群体的课程设计方面。课程设置不合理或者不完善，可能会导致学生的学习兴趣不高，教学效果不佳。缺乏相关的培训机会也是教师们面临的挑战之一。法治教育与德育是一项专业性很强的工作，而要想做好这项工作，教师们需要具备丰富的知识和技能。然而，由于缺乏相关的培训机会，教师们可能无法及时获取最新的教育理念、方法和技能，无法进行专业化的提升和更新。这使得教师们可能会感到在教学实践中力不从心，缺乏信心和动力。法治教育与德育所需要的资源投入可能会比较大，而学校可能无法提供足够的财政支持。缺乏足够的经费支持，教师们可能无法购买必要的教学设备和材料，无法组织丰富多彩的教学活动，无法提供良好的教学环境和条件。这会直接影响教师们的教学效果和工作积极性，同时也会影响学生的学习体验和成长发展。学校缺乏足够的资源支持是教师在开展法治教育与德育工作时面临的一大挑战。为了解决这一问题，学校和教育部门可以采取一系列措施，如加大对教育资源的投入，完善教材开发体系，提供更多的培训机会等，从而为教师们提供更好的支持和帮助，促进法治教育与德育工作的持续发展和质量提高。同时，教师们也可以通过自身的努力和不断的学习提升自己的专业素养，克服资源匮乏带来的困难，为学生的成长和教育事业的发展做出更大的贡献。

（二）社会认知度不足

法治教育与德育在社会上的认知度不高，以及受到的重视程度不足，是法治教育与德育教师在职业发展中面临的一大挑战。这种情况可能导致教师在推广和实施相关工作时遇到许多困难。由于法治教育与德育在社会上的认知度不高，教师可能面临来自学生、家长甚至学校管理者的困难。学生可能对法治教育与德育的重要性缺乏认识，认为这些内容不如其他学科那么重要或实用。家长可能更关注学生的学业成绩，而对于法治教育与德育的重要性认知不足，导致他们对教师在这方面的工作产生疑问。而一些学校管理者可能将更多的资源和关注力放在提高学校的学术水平或在其他领域的发展上，对法治教育与德育的支持不够充分。受到重视程度不足也会影响教师在教学实践中的积极性和动力。教师可能面临来自社会舆论和学校内部的压力，感受到自己的工作得不到应有的认可和支持，从而导致工作动力不足、情绪低落。缺乏足够的支持和资源，教师可能感到无力改变现状，陷入工作的困境中。在一些教育体系中，教师的晋升和评价可能更多地侧重于学术研究、课堂教学效果等方面，而对于法治教育与德育的贡献并未得到充分的认可。这种情况下，教师可能会感到自己的专业发展受到限制，影响到职业发展的动力和积极性。

第四章 法治教育与德育的学生培养与评估

第一节 法治教育与德育对学生的影响与意义

一、法治教育与德育对学生的影响

（一）促进个人成长和发展

法治教育与德育的综合实施对学生的全面发展具有深远的影响。这种教育模式不仅关注学生的学业成绩，更注重培养他们的品德、道德和社会责任感，从而塑造出品德高尚、有理想、有担当的人才。综合实施法治教育与德育有助于培养学生正确的法治观念和道德价值观。通过学习法律知识和法治理念，学生可以了解法律的基本原则和规定，树立正确的法治观念，增强法律意识和法律素养。同时，德育强调品德修养和道德行为，引导学生树立正确的道德价值观，培养他们的良好品格和行为习惯。综合实施法治教育与德育可以使学生在学习中不仅获得知识，而且更加注重道德修养和社会责任感的培养。综合实施法治教育与德育有助于促进学生心理健康和情感发展。法治教育与德育的实施不仅关注学生的认知层面，更注重培养学生的情感认知和情感管理能力。通过学习法律规范和道德准则，学生可以建立起自己的情感认知框架，增强情感稳定性和情绪管理能力，提升心理健康水平。同时，德育也注重培养学生的情感表达和人际交往能力，促进学生良好的人际关系，培养积极的情感态度和情感品质。

综合实施法治教育与德育有助于提升学生的社会适应能力和社会责任感。法治教育强调公民的法律意识和社会责任感，引导学生积极参与社会实践活动，关心社会问题，从而培养其社会责任感和公民意识。同时，德育也注重培养学生的社会交往能力和团队合作精神，促进学生在社会中更好地融入和发展。综合实施法治教育与德育可以使学生具备更强的社会适应能力和社会责任感，成为社会主义建设者和接班人。综合实施法治教育与德育有助于培养学生全面发展的个性。法治教育与德育不仅注重学生的学术能力，更注重培养学生的人格素养和个性发展。通过综合实施法治教育与德育，学生可以在学业上取得进步的同时，更加注重自身的品德修养和社会责任感的培养，从而塑造出全面发展的人格和个性。这种全面发展的个性不仅有利于学生的个人发展和成长，也为社会的进步和发展提供了坚实的人才基础。综合实施法治教育与德育有助于学生全面发展，不仅在学业上取得进步，更能在心理、情感、社交等方面得到充分的发展。作为法治教育与德育教师，我们应该充分认识到这种教育模式的重要性，积极推动其在学校教育中的实施，为学生的全面发展和社会的进步做出积极贡献。

（二）预防不良行为与犯罪行为

法治教育与德育在学生中的影响是不可忽视的。通过这两种教育的引导和教育，可以有效提高学生的法律意识和道德素养，预防不良行为和犯罪行为的发生，从而减少社会不稳定因素的产生。法治教育的引导有助于学生树立正确的法律观念和法律意识。通过法治教育，学生可以了解国家的法律制度和法律体系，明白法律的权威性和约束力。他们会意识到违法行为的后果以及遵守法律的重要性。同时，法治教育还可以培养学生的法律思维能力和解决问题的能力，使他们能够正确应对法律环境中的各种挑战和困难。德育的开展有助于提升学生的道德素养和道德水平。德育注重培养学生的品德、道德情感和道德行为，使他们养成良好的道德品质和行为习惯。通过德育，学生可以了解何为善、何为恶，懂得如何做一个遵纪守法、诚实守信的好公民。他们会树立正确的人生观、价值观和世界观，从而在面对诱惑和挑战时能够保持清醒的头脑和坚定的立场。

法治教育与德育的结合在学生中产生的影响是多方面的。它可以帮助学生树立正确的行为导向和行为准则。学生在接受了法治教育和德育的指导后，会形成遵纪守法、尊重他人、诚实守信等良好的行为准则，从而避免了因为行为不端而带来的不良后果。这种教育的开展有助于构建和谐的校园氛围。学校是学生成长的重要环境，通过法治教育和德育的引导，可以营造出一个尊重法律、尊重师长、尊重同学的和谐校园氛围，为学生的健康成长提供良好的环境和条件。再者，法治教育与德育的结合可以有效预防不良行为和犯罪行为的发生。学生在接受了这两种教育的熏陶和影响后，会树立正确的行为观念和行为标准，自觉抵制不良行为和犯罪行为的诱惑，从而减少了不良行为和犯罪行为对社会造成的危害。法治教育与德育的开展对于提高学生的法律意识和道德素养，预防不良行为和犯罪行为的发生，减少社会不稳定因素具有重要的意义和作用。学校、家庭、社会等各方应共同努力，加强法治教育与德育的开展，为学生的健康成长和社会的和谐稳定做出积极贡献。

（三）思维方式的塑造

法治教育和德育对学生的影响是深远而全面的，它们不仅在学生的行为和价值观念上产生影响，更重要的是改变了他们的思维方式和认知结构。通过法治教育和德育，学生将更加注重事实和逻辑，以法律和道德原则为指导进行思考和决策，从而培养了他们的批判性思维和判断力。法治教育和德育有助于培养学生注重事实和逻辑的思维方式。在法治教育中，学生需要了解法律原则和法规规定，掌握适用法律的基本方法和程序，从而在面对各种法律问题时能够客观理性地进行分析和判断。在德育中，学生需要学习道德规范和价值观念，明确良好行为的标准和要求，从而在日常生活中能够树立正确的道德意识和价值取向。通过法治教育和德育的学习，学生逐渐意识到事实和逻辑的重要性，学会用客观的态度去看待问题，不再轻信主观臆断和情绪偏见，培养了他们的理性思维和思考能力。法治教育和德育有助于引导学生以法律和道德原则为指导进行思考和决策。在法治教育中，学生不仅学习法律的知识和技能，更重要的是学习法治精神和法治思维，即在面对问题和挑战时能够以法律为准绳，依法行事，维护法律的权威和尊严。在德育中，学生不仅学习道德的规范和要求，更重要的是学习道德的价值和意义，即在面对诱惑和困难时能够以道德为准则，坚守良知和原则，做出正确的选择和决定。通过法治教育和德育的引导，学生逐渐形成以法律和道德为指导的思维方式，不仅能够在具体问题上做出正确的决策，还能够在价值观念上树立正确的信念和追求。法治教育和德育有助于培养学生的批判性思维和判断力。在法治教育中，学生需要不断分析和评价法律规定和司法实践，发现其中存在的问题和不足，提出改进和完善的建议，从而促进法治体系的健康发展。在德育中，学生需要不断反思和探索道德规范和行为准则，思考其中的合理性和适用性，提出新的道德观念和价值理念，从而推动道德规范的更新和完善。通过法治教育和德育的训练，学生逐渐培养了批判性思维和判断力，能够客观公正地评价和分析问题，不被表面现象所迷惑，不盲从权威和传统，有能力独立思考和创新。

二、法治教育与德育对学生成长的意义

（一）塑造积极的公民意识

法治教育与德育在学生中的意义不仅在于提高他们的法律意识和道德素养，更重要的是培养他们的公民意识和社会责任感。这两种教育的引导和教育，使学生认识到自己是国家和社会的一员，应该为社会的发展和进步贡献自己的力量。法治教育与德育有助于提高学生的公民意识。通过法治教育，学生可以了解国家的法律制度和法律规范，认识到法律对每个公民的约束和保护作用。他们明白作为公民应当遵守法律、维护法律的权威，积极参与社会事务，行使自己的公民权利和义务。德育则从道德层面引导学生，让他们意识到作为公民应该具备的品德和行为准则，如诚实守信、尊重他人、关爱社会等。这些道德品质与公民意识密不可分，共同构成了一个成熟的公民所应具备的基本素养。

法治教育与德育有助于培养学生的社会责任感。法治教育使学生了解社会秩序的重要性，认识到自己的行为会对社会产生影响，因此应该以负责任的态度对待自己的行为。德育则强调了对他人的关爱和社会的责任感，让学生明白自己应该为社会的发展和进步贡献自己的力量。这种责任感不仅体现在个人行为上，还表现在对社会问题的关注和解决上，使学生愿意承担起改善社会环境和推动社会进步的责任。法治教育与德育在培养学生公民意识和社会责任感方面的意义是多方面的。首先，它有助于建设和谐的社会关系。公民意识和社会责任感使学生能够尊重他人、关爱社会，建立起良好的人际关系和社会网络，促进社会各方的和谐相处。其次，这种教育有助于培养学生的领导力和团队精神。公民意识和社会责任感使学生愿意承担领导角色和团队责

任，在团队合作中发挥自己的能力，促进团队的共同进步。最后，这种教育有助于激发学生的社会创新和进取精神。公民意识和社会责任感使学生能够关注社会问题，主动寻找解决问题的方法和途径，为社会的发展和进步贡献自己的智慧和力量。法治教育与德育在培养学生的公民意识和社会责任感方面具有重要的意义。学校、家庭、社会等各方应共同努力，加强这两种教育的开展，为培养具有高度公民意识和社会责任感的新一代做出积极贡献。

（二）提升个人素质和社会竞争力

1. 提升个人素质

法治教育与德育在学生中的意义不仅在于提高他们的法律意识和道德素养，更重要的是提升他们的道德素质、思想道德修养和社会适应能力。这两种教育的引导和教育，使学生具备高度的社会责任感和公民素质，成为社会需要的优秀人才，增强个人的综合素质和社会竞争力。法治教育与德育有助于提升学生的道德素质。通过法治教育，学生能够深入了解法律的规范和约束，明确了社会行为的合理性和合法性，从而树立正确的道德观念和行为准则。同时，德育注重培养学生的品德和道德情感，引导他们树立良好的道德品质和行为习惯。这些教育的结合使学生在日常生活中能够自觉遵守道德规范，积极践行社会公德和职业道德，提升了他们的道德素质。法治教育与德育有助于提升学生的思想道德修养。法治教育使学生具备正确的法治观念和法律思维能力，能够理性思考问题、客观分析情况，不轻易受到不良信息和错误观念的影响。德育则引导学生培养良好的思想道德品质，使他们具备正确的人生观、价值观和世界观。这两者的结合使学生具备了较高的思想境界和道德修养，能够正确看待自己、他人和社会，成为具有独立思考能力和自我管理能力的人才。

2. 社会竞争力

法治教育与德育有助于提升学生的社会适应能力。法治教育使学生了解法律的底线和规范，明确社会行为的合法性和合理性，从而能够在社会生活中依法行事、维护自身权益。德育则培养学生的社会责任感和公民素质，使他们愿意承担社会责任，关心他人、关注社会，主动参与社会活动。这种教育的结合使学生具备了较强的社会适应能力，能够适应社会环境的变化和挑战，成为社会需要的全面发展的人才。法治教育与德育在提升学生的道德素质、思想道德修养和社会适应能力方面具有重要的意义。学校、家庭、社会等各方应共同努力，加强这两种教育的开展，为培养具有较高道德素质和社会适应能力的优秀人才做出积极贡献，增强个人的综合素质和社会竞争力。

第三节 法治教育与德育对学生发展的影响

一、提升法治素养和法治能力

（一）促进德智体美劳全面发展

法治教育与德育相结合，是为了全面促进学生的发展，不仅注重其法律素养的培养，更着眼于塑造其良好的品德、健全的人格，实现德智体美劳全面发展。这种综合教育理念旨在培养学生成为具有社会责任感、良好品德和积极向上的公民，为其未来的个人发展和社会进步做出积极贡献。法治教育与德育相结合有助于提升学生的法律素养和道德素质。法治教育注重培养学生的法律意识、法治观念和法律能力，使他们明确社会行为的合法性和合理性，懂得如何依法行事、维护自身权益。而德育则关注培养学生的品德和道德情感，引导他们树立良好的道德品质和行为准则，注重培养学生的自律意识、社会责任感和团队精神。法治教育与德育相结合，既注重规则和法律的约束，又强调人的内在品质和道德行为，从而全面提升学生的法律素养和道德素质，培养其成为有担当、有情怀的社会主义建设者和接班人。

法治教育与德育相结合有助于促进学生的德智体美劳全面发展。德育不仅关注学生的道德品质，还包括学生的心理素质、审美情趣和身体健康等方面的培养。法治教育则注重培养学生的法律思维能力、解决问题的能力和创新精神等方面的发展。将法治教育与德育相结合，可以使学生在法治观念和道德品质的基础上，全面发展自己的智力、体魄、美感和劳动技能，实现德智体美劳全面发展。这有利于学生全面发展个性，提升综合素质，为未来的学习和生活奠定坚实基础。法治教育与德育相结合有助于培养学生良好的品德和健全的人格。德育注重培养学生的道德情感和价值观念，使其树立正确的人生观、价值观和世界观，形成积极向上的人生态度和行为习惯。法治教育则强调培养学生的法治观念和法治精神，使其具备遵纪守法、守信用、讲规矩等良好的行为准则和品德素质。将法治教育与德育相结合，可以使学生在尊重法律的基础上，注重个人道德修养和社会责任感的培养，形成健全的人格和良好的品德，为社会和谐稳定做出积极贡献。法治教育与德育相结合，不仅注重学生法律素养的培养，更着眼于促进其德智体美劳全面发展，培养学生良好的品德和健全的人格。这种综合教育理念有利于提升学生的综合素质和社会竞争力，为其未来的个人发展和社会进步做出积极贡献。因此，学校、家庭和社会应共同努力，加强法治教育与德育相结合的实践，为培养社会主义建设者和接班人做出积极贡献。

（二）学习正确的法律知识

法治教育与德育相结合，对学生的全面发展具有重要意义。法治教育通过使学生了解国家法律体系和法律原则，培养他们具备正确的法律认知和意识，从而在日常生活中依法行事，避免触犯法律。同时，德育注重培养学生的品德和人格，促进其德智体美劳全面发展。这种综合的教育模式不仅有助于学生建立正确的行为准则和价值观，还可以培养其良好的品德和健全的人格，为其未来的成长和发展奠定坚实基础。法治教育为学生提供了正确的法律认知和意识。通过法治教育，学生能够了解国家法律体系和法律原则，明确自己在社会中的法律地位和权利义务，具备正确的法律认知和意识。他们能够理解法律对于社会秩序和个人权益的重要性，意识到自己应当依法行事，遵守法律规定。这种法治意识的培养有助于学生在面对各种社会情境时，能够理性思考、依法行事，避免触犯法律，保护自己的合法权益。

德育促进了学生的德智体美劳全面发展。德育注重培养学生的品德和人格，引导他们树立正确的价值观和行为准则。通过德育，学生被引导去尊重他人、关爱社会、勇于担当，培养了良好的品德和道德情操。与此同时，德育还注重学生的全面素质培养，包括智力、体魄、审美、劳动等各个方面。通过各种丰富多彩的活动和教育内容，学生的个性得以充分展现，全面发展的种子在德育的土壤中生根发芽。结合法治教育与德育，学生的发展将得到更为全面的促进。法治教育使他们具备了正确的法律意识和认知，德育则培养了他们的品德和人格，促进了德智体美劳全面发展。这种综合的教育模式为学生提供了更广阔的人生视野和更深厚的内在修养，使他们在成长过程中能够更好地适应社会、面对挑战，成为具有良好品德和健全人格的社会栋梁之材。同时，这也为社会培养了更多具有法治观念和社会责任感的新一代公民，为社会的和谐稳定和可持续发展做出了积极贡献。

二、提高道德素养和品德修养

（一）培养诚信与守法意识

1. 培养诚信理念

德育的重要目标之一是强调诚信与守法。通过正面的榜样和价值观引导，德育致力于让学生认识到诚信和守法是社会公民的基本素质。这种教育与法治教育相结合，使学生明白遵守法律是每个公民应尽的责任，从而树立起正确的诚信和守法意识。这种综合的教育理念对学生的全面发展和社会责任感的培养具有重要意义。德育通过正面的榜样和价值观引导，培养学生的诚信意识。在教育实践中，学校和社会各界都会提供丰富多样的榜样，例如优秀的老师、社会公益活动志愿者以及成功人士等。通过他们的榜样作用，学生可以深刻认识到诚信的重要性，了解诚信是一种社会价值和基本素质。此外，德育还可以通过课程设置、校园文化建设等方式，引导学生树立起良好的品德观念，注重诚实守信，培养自己的诚信意识。

2. 培养守法意识

德育与法治教育相结合，强调遵守法律是每个公民的责任。法治教育通过教育学生了解国家法律体系和法律原则，使他们具备正确的法律认知和意识，明白遵守法律是每个公民的责任和义务。而德育则强调了遵守法律与个人品德的紧密联系，通过教育引导学生树立起正确的法治观念和法律意识，使他们明白诚信和守法是构建和谐社会的基石。在学生的日常学习和生活中，德育引导他们树立起自觉遵守法律的自觉意识和责任感，以此来维护社会秩序和公共利益。法治教育与德育的结合，不仅强调了学生诚信与守法的重要性，还使他们明白了诚信和守法是每个公民应尽的责任。这种教育模式不仅有助于培养学生的良好品德和健全人格，还可以提高他们的社会责任感和公民素质，促进其全面发展。在这种综合的教育理念下，学生将树立起正确的诚信与守法意识，成为社会的有益成员和积极贡献者，为社会的和谐稳定和可持续发展做出积极贡献。

（二）鼓励勤奋与培养奉献精神

德育的核心价值之一是鼓励学生勤奋、刻苦学习，并培养奉献精神。当这种教育理念与法治教育相结合时，可以使学生明白只有通过勤奋学习、努力工作，才能为社会、家庭和自己做出更大的贡献。这种综合的教育模式不仅有助于培养学生的奉献精神和社会责任感，还能够提高他们的自我发展意识和个人素质，为其未来的成长和发展打下坚实基础。德育鼓励学生勤奋、刻苦学习。通过教育引导，学生被激励去追求卓越和成功，培养自己的学习兴趣和学习动力。德育注重对学生学习态度和学习习惯的培养，引导他们树立起正确的学习观念，明白只有通过不懈的努力和刻苦的学习，才能取得优异的成绩和事业上的成功。这种教育理念激发了学生的学习激情，使他们愿意面对困难和挑战，不断提高自己的学术水平和专业技能。德育培养学生的奉献精神。奉献精神是德育的重要内容之一，强调个人应当为社会、家庭和他人做出自己的贡献。通过德育，学生被引导去关爱他人、助人为乐，从而培养起一种乐于助人、乐于奉献的精神。学校可以组织各种志愿服务活动，引导学生参与社区服务、环保活动等，让他们在实践中体验奉献的快乐和意义，从而激发起他们更多的社会责任感和公益意识。

当德育与法治教育相结合时，学生将更加深刻地认识到通过勤奋学习、努力工作可以为社会、家庭和自己做出更大的贡献。法治教育引导学生了解法律对于社会秩序和个人权益的重要性，使他们明白只有遵守法律、规范自己的行为，才能为社会的和谐稳定做出贡献。而德育则强调通过勤奋学习、努力工作来实现自己的人生价值和社会责任，培养学生的奉献精神和社会责任感。这种综合的教育模式不仅有助于提高学生的综合素质和社会竞争力，还能够培养他们积极向上的人生态度和奉献精神，成为社会的有益成员和积极贡献者。德育鼓励学生勤奋、刻苦学习，并培养奉献精神。当这种教育理念与法治教育相结合时，可以使学生明白只有通过勤奋学习、努力工作，才能为社会、家庭和自己做出更大的贡献。这种综合的教育模式有助于培养学生的综合素质和社会责任感，为其未来的成长和发展奠定坚实基础。

第四节　法治教育与德育的学生成功案例分析

一、案例：张明的成长故事

张明，一个普通的初中生，成长在一个普通的家庭，家境一般，父母是普通工人，生活朴素但温馨。在学校里，张明并不是顶尖的学生，但他勤奋好学，待人真诚，备受老师和同学的喜爱。张明从小受到了法治教育的熏陶，这对他的个人发展和社会责任感产生了深远的影响。学校丰富多彩的法治教育活动为他提供了良好的法律知识基础，使他对法律有了基本的了解和认识。这种法治教育与德育的结合，不仅使张明懂得尊重法律、遵守纪律，而且更深层次地培养了他的社会责任感和公民素质。通过法治教育，张明了解了自己的权利和义务。学校开展的法治教育活动不仅向学生传授法律知识，还注重让学生了解自己在社会中的地位和权利义务。张明通过这些活动，清晰地了解了自己的法律权利，同时也认识到了自己应该遵守的法律纪律。这种基础性的法治教育为他未来的行为规范和价值观奠定了坚实的基础。法治教育教导张明懂得尊重法律、遵守纪律。在丰富多彩的法治教育活动中，张明通过案例分析、法律讲座等形式，了解了法律对于维护社会秩序和保障公民权利的重要性。他明白了违法行为的后果，因此在日常生活中，张明养成了尊重法律、遵守纪律的良好习惯。他自觉遵守学校规章制度，也注重遵守社会公共秩序，成为身边同学和朋友们的法律意识的倡导者和榜样。

除了对张明个人行为的影响外，法治教育还培养了他的社会责任感和公民素质。法治教育教导张明，作为一个公民，应该为社会的发展和进步做出积极的贡献。他意识到自己作为一个公民，有责任遵守法律、维护社会秩序，并积极参与社会公益活动。

张明通过参与志愿服务、社区活动等方式，践行了自己的社会责任，为他人提供帮助，为社会的和谐稳定贡献自己的力量。法治教育与德育的结合对张明产生了深远的影响。他不仅懂得尊重法律、遵守纪律，更在行为上表现出良好的社会责任感和公民素质。这种综合的教育模式不仅对他个人的成长和发展产生了积极影响，也为社会培养了更多具有法治观念和社会责任感的新一代公民，为社会的和谐稳定和可持续发展做出了积极贡献。

二、成功经历

张明受到了法治教育的启发，认识到只有通过勤奋学习，才能获得更多的知识和技能，从而为自己的未来奠定坚实的基础。这种法治教育与德育相结合的教育理念，不仅影响了他的学习态度和行为习惯，更在潜移默化中培养了他的社会责任感和公民素质。法治教育激发了张明对勤奋学习的渴望。通过参与法治教育活动，张明意识到法律知识的重要性，并明白只有通过不断学习，才能更好地理解和运用法律知识。他意识到知识是强大的武器，只有不断充实自己的知识储备，才能在社会中立足并取得成功。这种意识深深植根于他的心中，激发了他对知识的追求和对学习的热爱。

法治教育与德育相结合，影响了张明的学习态度和行为习惯。他明白只有通过努力学习，才能拥有更多的知识和技能，从而为自己的未来打下坚实的基础。在学习上，张明付出了更多的努力，勤奋刻苦，不断提高自己的学习效率和质量。他通过充分利用课余时间，积极参与学科竞赛和课外活动，拓展自己的知识面和技能水平。这种勤奋学习的态度和行为习惯使他在学业上取得了明显的进步，成绩逐渐提高，取得了令人满意的成绩。除了对个人学习的影响外，法治教育与德育的结合还培养了张明的社会责任感和公民素质。他意识到只有通过勤奋学习，才能为社会、家庭和自己做出更大的贡献。因此，他不仅关注自己的学业进步，还积极参与各种社会实践和志愿服务活动，为他人提供帮助，为社会的和谐稳定贡献自己的力量。这种社会责任感和公民素质的培养使他成为一个有担当、有责任心的社会成员，为社会的进步和发展做出了积极贡献。法治教育与德育的结合对张明产生了深远的影响。他不仅在学习上取得了显著的进步，还树立了正确的学习态度和行为习惯。同时，他通过勤奋学习，培养了自己的社会责任感和公民素质，这种综合的教育模式不仅有助于学生个人的成长和发展，也为社会培养了更多具有社会责任感和公民素质的新一代公民，为社会的和谐稳定和可持续发展做出了积极贡献。

张明的成功经历证明了法治教育与德育的重要性。这种教育模式不仅培养了他的法治素质和法治能力，还使他具备了良好的道德品质和人格修养，为他今后的发展奠定了坚实的基础。他成长为一个懂得尊重法律、关爱他人，富有责任感和社会责任感的优秀公民。

第五章　法治教育与德育的社会实践与互动

第一节　法治教育与德育的社会责任与使命

一、法治教育与德育的社会责任

（一）培养尊重法律、遵守法规的公民

法治教育和德育在学生发展中的融合，旨在培养出尊重法律、遵守法规的公民，同时具备高尚道德品质、关爱他人的全面素质。这种综合的教育理念不仅有助于学生的全面发展，还将为社会培养出更多具有社会责任感和公民素质的新一代。法治教育注重教授法律知识和培养法治观念。通过法治教育，学生了解国家法律体系和法律原则，明确自己在社会中的法律地位和权利义务。他们学会尊重法律、遵守法规，在日常生活中注重依法行事，避免触犯法律。这种法治观念的培养有助于学生树立正确的行为准则和法治意识，为其成为合格的公民奠定了基础。德育注重培养学生的良好道德品质和价值观念。德育通过正面的榜样和价值引导，培养学生尊重他人、关爱社会、勇于担当的品质。学生通过德育，认识到诚信、友善、勇敢等品质的重要性，形成了积极向上的人生观和价值观，从而成为具有高尚道德品质的人才。

将法治教育和德育融合起来，可以培养出既尊重法律、遵守法规，又具备高尚道德品质、关爱他人的全面公民。这样的公民不仅具备了法律意识和遵纪守法的基本素质，还能够在社会生活中展现出良好的道德品质和行为举止。他们积极参与公益活动，关注社会热点问题，乐于为他人提供帮助，为社会的和谐稳定和可持续发展贡献自己

的力量。这种综合的教育模式有助于培养学生的社会责任感和公民素质。他们不仅能够遵守法律、维护社会秩序，还能够践行道德规范、关爱他人，为社会的进步和发展做出积极贡献。这样的公民具备了较高的社会责任感和使命感，能够在各个领域展现出积极的作用，为构建和谐、美好的社会贡献自己的力量。将法治教育与德育相结合，不仅有助于培养学生的全面素质和社会责任感，还能够为社会培养出更多具有高尚道德品质和社会担当的新一代公民。这种综合的教育模式将为社会的和谐稳定和可持续发展注入更多的正能量，为构建美好的未来贡献力量。

（二）推动社会进步

法治教育与德育相辅相成，共同为培养具有法治观念和道德自觉的公民而努力。法治教育使人们认识到法律的重要性和约束力，强调遵守法律规定；而德育则引导个体做出正确的道德选择，注重培养良好的道德品质和价值观念。通过融合，可以培养出具有法治观念和道德自觉的公民，他们将以合法合规的方式行事，为社会的进步和发展做出积极贡献。法治教育的重要性在于使人们认识到法律的约束力和意义。通过法治教育，人们了解到法律是社会秩序的基石，是保障公民权利、维护社会稳定的重要保障。他们明白遵守法律是每个公民的责任，违法行为将带来不良后果。因此，法治教育培养了公民的法律意识和法治观念，使他们在行为上更加谨慎，遵守法律规定，避免违法犯罪行为的发生。

德育的作用在于引导个体做出正确的道德选择。德育注重培养人的道德品质和价值观念，引导其树立正确的人生观和价值观，形成良好的行为习惯和道德意识。通过德育，人们明白道德规范是社会稳定和人类文明进步的基础，个体的道德选择直接影响着社会的整体发展。因此，德育培养了公民的道德自觉和责任心，使他们在日常生活中更加注重道德行为，尊重他人，关爱社会，为社会的和谐发展做出积极贡献。将法治教育与德育融合起来，可以培养出具有法治观念和道德自觉的公民。这样的公民不仅懂得遵守法律，还能够在道德层面上做出正确的选择。他们将以合法合规的方式行事，注重维护社会秩序和公共利益，为社会的进步和发展做出积极贡献。在各个领域，这样的公民将展现出高度的社会责任感和使命感，积极参与社会建设和公益事业，推动社会的进步和发展。法治教育与德育的融合不仅有助于培养公民的法治观念和道德自觉，更将为社会的和谐稳定和可持续发展注入新的活力。这种综合的教育模式将为培养更多具有社会责任感和公民素质的新一代公民打下坚实基础，为构建更加美好的社会贡献力量。

二、法治教育与德育的社会使命

（一）培养法治教育与德育社会责任感的统一

法治教育和德育的融合，不仅强调了个体对社会的责任感，更使个体意识到遵守法律和维护社会秩序是一种道德责任，而良好的道德品质也会促使个体更积极地参与社会建设和公益活动。这种综合的教育理念不仅有助于培养出具有法治观念和道德自觉的公民，更将为社会培养出更多具有社会责任感和公民素质的新一代。法治教育强调了个体对社会秩序的尊重和遵守法律的重要性。通过法治教育，个体意识到法律是维护社会秩序和公共利益的重要工具，遵守法律是每个公民的基本责任。他们明白只有通过遵守法律规定，才能保障自己和他人的权益，维护社会的稳定和发展。因此，法治教育培养了个体的法治观念和法律意识，使他们在行为上更加谨慎，遵守法律规定，成为社会的守法良民。德育注重培养个体的良好道德品质和价值观念。通过德育，个体认识到诚信、友善、勇敢等道德品质是社会稳定和人类文明进步的基础，形成了积极向上的人生观和价值观。他们明白道德规范是社会生活的基石，个体的道德选择直接影响着社会的整体发展。因此，德育培养了个体的道德自觉和责任心，使他们在日常生活中更加注重道德行为，尊重他人，关爱社会，为社会的和谐发展做出积极贡献。

将法治教育和德育融合起来，可以使个体意识到遵守法律和维护社会秩序是一种道德责任。法治教育使他们明白了遵守法律的重要性，而德育则引导他们形成良好的道德品质和价值观念。这样的综合教育理念不仅有助于培养出具有法治观念和道德自觉的公民，更将激发个体更积极地参与社会建设和公益活动。他们将以合法合规的方式行事，注重维护社会秩序和公共利益，同时也将以良好的道德品质，积极参与各种社会公益活动，推动社会的进步和发展。法治教育与德育的融合将为社会培养出更多具有社会责任感和公民素质的新一代。他们不仅懂得遵守法律、维护社会秩序，更将以良好的道德品质，积极参与社会建设和公益活动，为社会的和谐稳定和可持续发展做出积极贡献。

（二）建立和谐的社会环境

法治教育和德育的融合，旨在建立更加和谐、包容的社会环境，使个体更加尊重他人、关爱社会，形成积极向上的社会氛围。这种综合的教育理念不仅有助于维护社会秩序，更能够培养人们的社会责任感和团队合作精神，为社会的进步和发展注入新的活力。法治教育旨在维护社会秩序和公共利益。通过法治教育，个体认识到法律是社会秩序的基石，遵守法律是每个公民的基本责任。法治教育强调了法律的约束力和重要性，使人们明白只有遵守法律规定，才能保障社会的稳定和发展。因此，法治教育培养了人们的法治观念和法律意识，使他们在行为上更加谨慎，遵守法律规定，成为社会的守法良民。

德育的目标在于培养人们的社会责任感和团队合作精神。通过德育，个体认识到作为社会的一员，应该关心社会、热爱环境，积极参与社会实践和志愿活动，为社会的发展和进步贡献自己的力量。德育强调了团队合作和共同进步的重要性，使人们明白只有通过团结合作，才能实现个人的价值和社会的发展。因此，德育培养了人们的社会责任感和团队合作精神，使他们在行为上更加关注社会、关心他人，为社会的进步和发展做出积极贡献。将法治教育和德育融合起来，可以建立更加和谐、包容的社会环境。这种综合的教育理念使人们既懂得尊重法律、维护社会秩序，又具备社会责任感和团队合作精神。在这样的社会环境中，个体之间相互尊重、互相关爱，形成了积极向上的社会氛围。人们在共同的目标下团结合作，共同为社会的发展和进步贡献自己的力量，推动社会向着更加美好的方向发展。法治教育与德育的融合不仅有助于维护社会秩序，更能够培养人们的社会责任感和团队合作精神，为社会的进步和发展注入新的活力。这种综合的教育模式将为建立更加和谐、包容的社会环境打下坚实基础，促进社会的持续发展和进步。

第二节 法治教育与德育的社会参与项目

一、社区法治教育与德育的公益活动

（一）组建志愿者服务队伍

1. 招募志愿者

组建志愿者服务队伍是一个复杂而又具有挑战性的过程，它需要综合考虑招募志愿者、培训志愿者、建立管理机制等多个方面。在这个过程中，法治教育和德育的理念可以发挥重要作用，通过向志愿者介绍法律知识、道德伦理和社会责任等内容，确保他们具备必要的素养和能力，从而更好地参与社会服务项目。在招募志愿者方面，需要制订明确的招募计划和策略。可以通过学校、社区、志愿者组织等渠道发布招募信息，吸引有志于社会服务的个人加入。在招募过程中，可以结合法治教育和德育的理念，向潜在志愿者介绍法律规定、志愿服务的道德价值以及参与志愿活动的意义。通过宣传法律知识和社会责任理念，吸引更多有社会责任感和使命感的志愿者积极参与。

2. 培训志愿者

在培训志愿者方面，需要为志愿者提供系统全面的培训。培训内容可以包括法律知识、急救技能、沟通技巧、团队合作等方面。特别是在法治教育方面，可以组织专业人员或律师为志愿者讲解法律知识，包括志愿服务过程中可能涉及的法律风险和责任。同时，在德育方面，可以开展道德伦理教育，引导志愿者树立正确的价值观和行为准则，培养其良好的道德品质和社会责任感。建立良好的管理机制也是组建志愿者服务队伍的重要环节。这包括建立志愿者档案管理系统、制定志愿服务行为规范、建立志愿者管理团队等方面。在这个过程中，法治教育和德育的理念可以作为指导，帮助建立健全的管理制度和规范。通过向志愿者介绍法律规定和行为准则，引导他们遵守法律法规、遵循志愿服务的伦理原则，确保志愿服务活动的正常运行和秩序。在整个组建志愿者服务队伍的过程中，法治教育和德育的理念起着至关重要的作用。通过宣传法律知识和社会责任理念，引导志愿者树立正确的法律观念和社会责任感，培养其良好的道德品质和团队合作精神。这不仅有助于提升志愿者的素质和能力，更将为志愿服务项目的顺利开展和社会的和谐发展做出积极贡献。

（二）志愿活动的开展

志愿者服务队伍开展的具体服务活动多种多样，涵盖了法治宣传、德育和环境整治等多种形式的服务项目。这些活动旨在通过向社区居民传达法律知识和法治观念、引导公民树立正确的道德信念和行为规范、提升社区环境质量等方式，促进社会的和谐稳定和可持续发展。志愿者服务队伍可以开展法治宣传活动，向社区居民传达法律知识和法治观念。这包括举办法律讲座、法律知识竞赛、法律咨询活动等形式。通过这些活动，志愿者可以向社区居民介绍基本的法律常识，如合同法、消费者权益保护法等，让他们了解自己的权利和义务，增强法律意识，从而避免违法行为的发生，维护社会秩序和稳定。志愿者服务队伍可以开展德育活动，引导公民树立正确的道德信念和行为规范。这包括开展道德讲堂、品德培训、志愿者交流分享等形式。通过这些活动，志愿者可以向社区居民传达正确的道德观念，如诚信、友善、奉献等，倡导公民遵纪守法、尊重他人、关爱社会的行为准则，培养其良好的道德品质和社会责任感。志愿者服务队伍还可以开展环境整治活动，提升社区环境质量，培养公民的环保意识和社会责任感。这包括组织垃圾清理、植树活动、环保宣传等形式。通过这些活动，志愿者可以动员社区居民共同参与环境整治，清理环境污染、美化社区环境，引导公民树立绿色低碳的生活方式，提升对环境保护的认识和重视程度，培养其环保意识和社会责任感。志愿者服务队伍开展的具体服务活动涵盖了法治宣传、德育和环境整治等多种形式。通过这些活动，志愿者可以向社区居民传达法律知识和法治观念，引导公民树立正确的道德信念和行为规范，提升社区环境质量，培养公民的环保意识和社会责任感。这些活动将促进社会的和谐稳定和可持续发展，推动社区向着更加美好的方向前进。

二、青少年法治与德育的夏令营

(一) 夏令营活动的设计与筹备

夏令营活动的设计与筹备是一个涉及多个方面的复杂过程，它需要考虑到活动主题、内容设置、场地选择、人员招募等诸多因素。在这个过程中，充分结合法治教育和德育培养的理念，设计活动内容，确保活动能够全面覆盖法律知识、道德伦理和团队合作等方面，从而促进参与者的全面发展和社会参与意识的提升。

在确定活动主题时，可以考虑以法治教育和德育培养为核心，围绕着法律知识、道德品质和社会责任展开。主题可以包括"法律与公民责任""团队合作与社会服务"等，旨在引导参与者了解法律的基本原则和规定，树立正确的道德观念，培养社会责任感。

在设计活动内容时，可以结合法治教育和德育培养的理念，设置多样化的教育环节。可以组织法律知识讲座、案例分析、法治游戏等活动，让参与者了解法律的基本概念和适用范围；同时，也可以开展道德伦理讨论、团队建设游戏、社区服务等活动，引导参与者树立正确的价值观念，培养团队合作精神和社会责任感。在场地选择方面，可以选择适合开展各种活动的场所。可以考虑选择学校、社区活动中心、自然公园等场地，根据活动内容的需要进行灵活安排和利用，确保活动的顺利进行和参与者的舒适体验。在人员招募方面，可以通过学校、社区组织、志愿者团体等渠道发布招募信息，吸引有志于参与夏令营活动的人员加入。在招募过程中，可以强调活动的法治教育和德育培养的理念，吸引更多有志于全面发展和社会参与的人员积极参与。夏令营活动的设计与筹备需要充分结合法治教育和德育培养的理念，设计多样化的活动内容，从而促进参与者的全面发展和社会参与意识的提升。这样的活动不仅可以传播法律知识、树立正确的道德观念，更可以培养团队合作精神和社会责任感，为参与者的个人成长和社会的进步做出积极贡献。

(二) 法治知识竞赛与德育讨论活动

夏令营活动作为青少年夏季学习和成长的重要平台，其设计与筹备应当综合考虑法治教育和德育培养的理念。在夏令营中，法治知识竞赛和德育讨论活动是两项非常有益的社会参与项目，它们通过不同形式的活动，既能够检验青少年对法律知识的掌握程度，又能够引导青少年探讨道德伦理问题，培养其道德判断和价值观念。法治知识竞赛是夏令营活动中的一项重要内容。通过法治知识竞赛，可以检验青少年对法律知识的掌握程度，激发他们学习法律知识的兴趣。竞赛题目可以涵盖法律基础知识、法律常识、法律案例分析等方面，既考察了参与者的记忆和理解能力，又锻炼了他们的逻辑思维和解决问题的能力。在竞赛过程中，可以设置个人赛和团队赛，让参与者在竞争中学习、进步，在与他人的交流中增长见识，从而更好地掌握法律知识，提升社会责任感和法治意识。

德育讨论活动是夏令营活动中的另一项重要内容。通过德育讨论活动，可以引导青少年探讨道德伦理问题，培养其道德判断和价值观念。讨论的话题可以涵盖诚信、友善、公平、奉献等方面，围绕现实生活中的案例展开，让参与者从中学习道德准则和行为规范。在讨论过程中，可以鼓励参与者发表自己的观点，积极交流和分享经验，通过与他人的讨论和反思，提升他们的道德素养和社会责任感。在夏令营活动中，法治知识竞赛和德育讨论活动既具有教育性质，又具有参与性和趣味性，能够吸引青少年的积极参与和关注。通过这两项活动，青少年不仅能够增强对法治的认识和理解，还能够培养良好的道德品质和社会责任感，从而在未来的成长过程中成为具有良好素质和积极社会参与意识的公民。因此，将法治知识竞赛和德育讨论活动纳入夏令营活动的设计中，既有助于提升青少年的综合素质，又能够促进社会的和谐稳定和可持续发展。

第三节　法治教育与德育的社会合作与伙伴关系

一、法治教育与德育的社会合作

（一）社区服务项目

学校组织学生参与各类社区服务项目是法治教育与德育的重要实践途径之一。这些项目包括清洁环保活动、扶老助残活动等，通过参与这些活动，学生不仅可以实践法治和德育的理念，还能锻炼自己的社会责任感和团队合作能力。社会合作是法治教育与德育的重要内容之一，它旨在通过社会实践活动培养学生的社会责任感和团队合作能力。通过参与各类社区服务项目，学生能够了解社会问题和需求，感受到他人的需要和帮助，从而激发起自己的社会责任感和使命感。在清洁环保活动中，学生可以亲身体验到环境保护的重要性，学会保护环境、珍惜资源；在扶老助残活动中，学生可以体会到关爱他人的意义，学会尊重老人、关心弱势群体。通过这些活动，学生不仅可以学习到法治与德育的理念和要求，更重要的是能够将其转化为实际行动，为社会发展和进步做出积极的贡献。学校组织学生参与社区服务项目具有重要的教育意义和实践价值。通过参与这些项目，学生可以将课堂所学的法治与德育知识应用到实际生活中，增强对这些知识的理解和认识。在社区服务项目中，学生需要遵守相关的法律法规和道德准则，正确处理与他人的关系，培养良好的社会交往能力和人际沟通技巧。同时，学生还需要与他人合作完成各项任务，锻炼团队合作能力和组织协调能力。通过这些活动，学生不仅可以提高自己的综合素养和能力水平，还能够培养正确的人生观和价值观，成为有担当、有责任感的社会公民。学校组织学生参与社区服务项目还可以促进学校与社会的互动和共融。作为社会的一部分，学校应该积极参与社区建设和发展，承担起培养学生社会责任感和公民意识的重要使命。通过组织学生参与社区服务项目，学校可以与社区居民和相关组织建立起良好的合作关系，共同解决社会问题和提升社区文明程度。同时，学校还可以为社会提供人才和智力支持，为社区的发展和进步注入新的活力和动力。通过这种互动和共融，学校与社会之间的联系将更加紧密，学生的社会责任感和参与意识也将得到进一步强化。

（二）互助合作机制建立

法治教育与德育的组织之间建立长期稳定的互助合作机制，是促进教育领域发展的重要举措。这种机制不仅可以促进资源、经验和成果的共享，还能实现优势互补、协同发展，为学校、社区和家庭提供更加丰富和有效的教育支持。建立长期稳定的互助合作机制有助于充分利用各方的资源和经验。法治教育与德育的组织在教育领域都有着丰富的资源和经验积累，但往往难以独立解决所有问题。通过建立合作机制，可以实现资源共享，避免重复建设，充分发挥各方的专业优势。例如，法治教育组织可能拥有丰富的法律知识和教育资源，而德育组织则可能擅长价值观培养和品德教育，双方可以通过合作共享资源，共同开发教育内容和方法，提高教育的质量和效果。长期稳定的互助合作机制有助于实现优势互补、协同发展。法治教育与德育是教育领域的两个重要组成部分，二者相辅相成，共同促进学生全面发展。通过合作，可以将法治教育和德育的内容、方法、资源有机结合起来，实现优势互补，为学生提供更加全面和系统的教育支持。例如，可以开发既包含法律知识又注重品德培养的教育课程，通过法律案例分析等方式培养学生的法治观念和道德素养，实现法治教育与德育的有机融合，促进学生全面发展。

长期稳定的互助合作机制有助于提高教育的实效性和可持续发展性。教育的目标是培养学生的综合素质，需要长期稳定的支持和引导。通过建立合作机制，可以确保教育资源和支持的持续提供，有效解决教育中的难题和问题，提高教育的实效性和可持续发展性。例如，可以建立定期会议制度，共同研究教育政策和课程改革，及时调整教育内容和方法，保持教育的与时俱进性，提高教育的针对性和适应性。长期稳定的互助合作机制有助于促进教育改革和创新。随着社会的发展和变化，教育的内容和方法也需要不断更新和创新，以适应时代的需求和挑战。通过合作，可以汇集各方的智慧和力量，共同探索教育改革的路径和方向，共同研发教育创新的理念和方法，推动教育的不断发展和进步。例如，可以建立联合研究机构，共同开展教育研究和实践，探索教育创新的途径和模式，促进教育的不断改进和提高。建立长期稳定的互助合作机制对于法治教育与德育的组织具有重要意义。这种机制有助于充分利用各方的资源和经验，实现优势互补、协同发展，提高教育的实效性和可持续发展性，促进教育改革和创新。因此，应该积极推动法治教育与德育的组织之间建立长期稳定的互助合作机制，共同为学校、社区和家庭提供更加丰富和有效的教育支持，助力学生健康成长和全面发展。

二、法治教育与德育的伙伴关系

（一）价值共通

法治教育与德育的伙伴关系是当代教育体系中的一项重要组成部分，它们共同致力于培养学生的良好品德、社会责任感以及法治观念。虽然法治教育和德育在理念和方法上存在一些差异，但二者之间存在着密切的联系与互补关系。在这种伙伴关系下，法治教育与德育相辅相成，共同促进学生的全面发展，培养具有良好道德素养和法治观念的公民。法治教育与德育的伙伴关系在于共同培养学生的社会责任感和公民意识。法治教育强调尊重法律、遵守法规，通过教授法律知识、法治理念和法治精神，培养学生对法律的认同感和敬畏感，引导他们自觉遵守法律、尊重法治。而德育则注重培养学生的品德修养和道德观念，通过引导学生培养正确的价值观和行为规范，塑造他们良好的品格和行为习惯。在法治教育与德育的共同努力下，学生不仅会形成尊重法律、尊重规则的意识，还会内化社会责任感，主动承担起维护社会秩序和公共利益的责任。法治教育与德育的伙伴关系在于共同促进学生的自我约束和行为规范化。法治教育通过教育法律的权威性和普适性，引导学生树立正确的行为准则和行为规范，自觉遵守法律，自觉约束自己的行为。而德育则通过培养学生的道德情感和道德意识，引导他们形成良好的道德品质和行为习惯，自觉遵循道德规范，自觉约束自己的行为。在法治教育与德育的共同引导下，学生会逐渐养成自觉遵纪守法、自觉遵循道德的良好行为习惯，实现行为规范化和自我约束。

法治教育与德育的伙伴关系在于共同塑造学生的公民意识和社会参与能力。法治教育通过普及法律知识和法治理念，引导学生认识自己作为公民的权利和义务，激发他们参与社会事务、维护公共利益的积极性。德育则通过培养学生的社会责任感和公益意识，引导他们关心社会、参与公益活动，促进社会和谐发展。在法治教育与德育的共同引导下，学生会形成积极的公民意识，主动参与社会实践，为社会发展和进步贡献自己的力量。法治教育与德育的伙伴关系在于共同推动学校教育的改革和创新。法治教育和德育作为学校教育的重要组成部分，其目标都是培养全面发展的人才。通过密切合作，可以整合双方的教育资源和经验，共同探索符合时代发展需求和学生成长特点的教育模式和方法，推动学校教育的改革和创新。例如，可以通过跨学科的教学方式，将法治教育和德育有机结合，促进学生的综合素养提升；可以通过开展校园法治文化建设和德育活动，营造浓厚的法治氛围和良好的道德风尚，提高学校教育的实效性和吸引力。法治教育与德育的伙伴关系是当代教育体系中不可或缺的一部分。通过共同致力于培养学生的社会责任感、行为规范化、公民意识和社会参与能力，法治教育和德育共同为学生成长成才提供了有力支持。同时，法治教育与德育的密切合作也将促进学校教育的改革和创新，推动教育事业的不断发展与进步。因此，应该进一步加强法治教育与德育之间的合作与交流，共同促进学生全面发展，为建设法治社会、构建和谐社会做出积极贡献。

（二）相互渗透

法治教育和德育的伙伴关系在教学实践中显得越发紧密，二者常常相互渗透、相辅相成。虽然它们有着各自的侧重点和目标，但在教学内容、方法以及培养学生的品质和素养方面存在着明显的交叉和共通之处。法治教育不仅局限于传授法律知识，它还涉及法律的道德意义和社会影响；而德育也包含对法律规范和社会规范的培养。在这种交叉与共通的基础上，法治教育与德育构建起了一种紧密的伙伴关系，共同为学生的全面发展和成长提供支持。法治教育与德育在教学内容上具有一定的交叉。法治教育不仅仅是传授法律的知识和规定，更重要的是通过法律知识的传授，培养学生对法律的理解和尊重，以及对法律背后的道德和社会意义的认识。在法治教育中，常常会涉及法律与道德的关系、法律与社会的关系等内容，从而引导学生形成正确的法治观念和价值观。而德育则强调培养学生的道德情感和道德意识，引导他们树立正确的道德观念和行为准则。在德育的过程中，也会涉及法律规范和社会规范的教育，通过让学生了解法律对于社会秩序和公共利益的重要性，引导他们形成尊重法律、遵守法规的自觉意识。因此，法治教育与德育在教学内容上存在着一定的重叠和互补，共同促进学生的全面发展。法治教育与德育在教学方法上也常常相互借鉴、融合。在教学实践中，往往会采用多种形式和方法来进行教育，以达到更好的教学效果。法治教育通常采取讲解、案例分析、讨论等方式，通过向学生传授法律知识和法律背后的道德意义，引导他们形成正确的法治观念和行为习惯。而德育则注重情感教育和体验教育，通过情感的沟通和体验的参与，引导学生体会道德的重要性和美好的品质。在实际教学中，法治教育与德育可以相互借鉴对方的教学方法，例如在法治教育中引入德育的情感教育元素，使学生更加深刻地理解法律的道德意义；在德育中引入法治教育的案例分析和讨论，让学生更加直观地感受到法律的重要性和实用性。因此，法治教育与德育在教学方法上可以相互融合、相互促进，共同提高教学效果。

法治教育与德育在培养学生的品质和素养方面有着共同的目标。法治教育旨在培养学生尊重法律、尊重规则、自觉遵守法律的行为习惯和道德品质，引导他们成为遵纪守法、积极参与社会的公民。而德育则注重培养学生的品德修养和道德观念，引导他们形成良好的品格和行为习惯，使其具备良好的社会适应能力和人格魅力。在实践中，法治教育与德育共同致力于培养学生的社会责任感、公民意识、行为规范化等方面的品质和素养，共同促进学生的全面发展和成长。法治教育与德育在教学内容、方法以及培养学生的品质和素养方面具有明显的交叉和共通之处。在实践中，二者常常相互渗透、相互借鉴、相互促进，构建起一种紧密的伙伴关系，共同为学生的全面发展和成长提供支持。因此，应该进一步加强法治教育与德育之间的合作与交流，共同推动教育事业的发展，为培养德智体美全面发展的社会主义建设者和接班人做出更大的贡献。

（三）相辅相成

1. 德育是法治教育的重要组成部分

德育与法治教育的伙伴关系在当今教育体系中显得尤为重要，二者相互渗透、相辅相成，共同推动公民的全面素质提升。德育作为法治教育的重要组成部分，强调培养学生的道德情感、道德观念和道德行为，为遵守法律提供了基础；而法治教育则为培养公民的法律意识和法律素养提供了理论基础和实践指导。在这种相辅相成的关系下，德育与法治教育共同促进学生的全面发展，塑造他们成为具有高度道德素养和法治观念的公民。德育是法治教育的重要组成部分。良好的道德素养是遵守法律的基础。德育通过教育学生遵循道德规范、培养正确的价值观和品德，引导他们养成良好的行为习惯和社会责任感。在德育的指导下，学生将自觉遵循道德规范，尊重他人、关爱社会，形成积极向上的人生态度和价值取向。这种道德修养和品德素养为学生在社会生活中守法、守信提供了内在动力和道德支撑，为法治建设打下了坚实的基础。法治教育为德育提供了理论基础和实践指导。法治教育强调培养公民的法律意识和法律素养，教育学生了解法律的基本原理、基本知识和基本规范，引导他们树立正确的法治观念和法律意识，自觉遵守法律、尊重法治。通过法治教育的指导，学生将更加清晰地认识到法律规范对于社会秩序和个人权益的重要性，自觉遵守法律、尊重法治，形成良好的行为规范和社会责任感。同时，法治教育也通过案例分析、法律实践等方式，加强学生对法律的理解和应用能力，促进其法律素养的提升，为德育的实施提供了理论支持和实践指导。

2. 德育与法治教育在教学内容和方法上相辅相成

在教学内容上，德育和法治教育常常会相互交叉，共同强调社会责任感、公民意识、法律意识等方面的内容。德育注重培养学生的道德情感和社会责任感，强调学生的良好品德和行为规范；而法治教育则强调教育学生遵守法律、尊重法治，培养学生的法治观念和法治素养。在教学方法上，德育和法治教育也可以相互借鉴、相互融合。德育常常采取情感教育、体验教育等方式，引导学生深刻体会道德的美好和重要性；而法治教育则通过案例分析、法律实践等方式，引导学生深入理解法律的意义和应用。通过这种相辅相成的教学内容和方法，德育与法治教育共同促进学生的全面发展和成长。德育与法治教育的伙伴关系有助于推动公民的全面素质提升。德育和法治教育共同培养学生的品德修养、法律意识和社会责任感，促进他们全面发展、健康成长。良好的道德素养为学生遵守法律提供了内在动力和道德支撑，而法治教育则为学生理解法律、尊重法治提供了理论基础和实践指导。通过德育与法治教育的紧密结合，学生将更加全面地具备良好的道德品质和法治观念，成为具有高度社会责任感和法治素养的公民，为社会的和谐稳定和法治建设做出积极贡献。德育与法治教育的伙伴关系是当今教育体系中的重要组成部分。二者相互渗透、相辅相成，共同推动公民的全面素质提升。在教学内容、方法和目标上，德育与法治教育紧密结合，共同为学生的全面发展和成长提供支持，为社会的和谐稳定和法治建设做出积极贡献。因此，应该进一步加强德育与法治教育之间的合作与交流，共同推动教育事业的发展，培养更多具有高度道德素养和法治观念的公民，为建设法治社会、构建和谐社会做出更大的贡献。

第四节　法治教育与德育的社会反馈与影响评估

一、法治教育与德育的社会反馈

（一）学生的反馈

通过学生的口头或书面反馈，可以了解他们对法治教育和德育的认知、态度和行为变化，从而评估教育效果和社会参与程度。这种反馈不仅是对教育工作的一种重要评估手段，也是指导未来教育改进和社会参与项目的关键性依据。对于学生而言，他们可以通过课堂讨论、问卷调查、学习日记等方式向教师和学校反馈他们对法治教育和德育的认知、态度和行为变化。例如，学生可以表达对课堂上法律知识的理解程度，是否能够将所学知识与实际生活情境联系起来，并说明是否能够树立正确的法治观念。此外，学生还可以反映自己在社区服务、志愿活动等方面的参与情况，以及对这些活动的看法和感受。通过这些反馈，教师和学校可以了解学生在法治教育和德育方面的学习效果和社会参与程度，从而及时调整教学方法和课程设置，进一步提升教育质量。

（二）教育机构的评估

学校、社区教育组织等教育机构在推行法治教育和德育项目时，需要通过评估其实施效果，以了解教育活动的质量和影响力。评估的内容可以包括学生的学习成绩、参与度、行为变化等方面，以全面了解教育项目对学生的影响，并为教育改进提供依据。评估法治教育和德育项目的实施效果可以从学生的学习成绩入手。通过比较参与教育项目的学生与未参与学生的学业表现，可以初步评估项目对学生学业成绩的影响。如果参与项目的学生在学习成绩上有明显提升，说明项目对学生学习动力和学习效果产生了积极影响。可以评估学生的参与度。参与度的评估可以通过考察学生参与项目的积极性和主动性，包括课堂讨论的活跃程度、社区服务活动的参与程度等方面。

如果学生对项目表现出高度的兴趣和投入，积极参与各项活动，说明项目在激发学生参与意愿和社会责任感方面取得了良好效果。

评估学生的行为变化也是重要的一项内容。通过观察学生在日常生活中的表现，包括是否遵守法律规定、是否尊重他人、是否具备良好的道德品质等方面，可以初步评估项目对学生行为习惯和道德素养的影响。如果学生表现出更加守法守规、友善关爱他人的行为，说明项目对学生的价值观和行为习惯产生了积极影响。还可以通过学生和家长的反馈来评估教育项目的实施效果。通过收集学生和家长的口头或书面反馈，了解他们对项目的认知、态度和行为变化，以及对项目效果的评价和建议，从而全面了解项目的实施情况和影响力。通过评估法治教育和德育项目的实施效果，可以全面了解教育活动的质量和影响力。这有助于发现问题、优化教育方案，提升教育质量和社会影响力，推动社会向着更加法治化、文明化的方向发展。因此，教育机构应当建立健全的评估机制，不断改进教育工作，为青少年的全面发展和社会进步做出积极贡献。

二、法治教育与德育的影响评估

（一）个体层面

1. 知识水平提升

通过考察个体对法律、道德等方面知识的掌握情况，可以评估法治教育与德育融合的影响。这种评估方式可以通过考试、问卷调查等方式进行，从而了解个体在法治观念、道德品质等方面的认知水平和行为表现，以及教育项目对其产生的影响。通过考试评估个体对法律知识的掌握情况。可以设计针对法律常识、法律原则、法律案例分析等方面的考试内容，考察个体对法律的基本理解和应用能力。通过分析考试成绩，可以初步评估个体在法治教育方面的学习效果和理解程度，从而了解教育项目对个体法治观念的影响。可以通过问卷调查评估个体对道德伦理的认知和态度。问卷调查可以涵盖诚信、友善、公平、奉献等方面的内容，旨在了解个体的道德判断和行为规范。通过分析问卷调查结果，可以了解个体在道德品质和行为习惯方面的表现，以及教育项目对其道德认知和态度的影响程度。还可以通过观察个体的行为表现来评估教育项目的影响。通过观察个体在日常生活中的行为举止，包括是否遵守法律法规、是否尊重他人、是否参与公益活动等方面，可以了解个体的社会责任感和公民素养。通过这种方式的评估，可以直观地观察到教育项目对个体行为习惯和社会参与意识的影响效果。除了以上方法，还可以通过个体和家长的口头或书面反馈来评估教育项目的影响。个体和家长可以分享对教育项目的认知、态度和行为变化，以及对项目效果的评价和建议。通过收集这些反馈，可以更全面地了解教育项目对个体的影响和社会反响，为教育改进提供依据。通过考察个体对法律、道德等方面知识的掌握情况，可以评估法治教育与德育融合的影响。这种评估方式能够客观地反映教育项目的效果和社会影响，为教育改进和社会参与提供重要依据。因此，教育机构应当建立健全的评估机制，不断完善教育工作，促进社会向着更加法治化、文明化的方向发展。

2. 态度与价值观变化

通过调查问卷等方式，评估个体对法治、道德的态度和价值观念是否发生积极变化，是一种常见的评估方法，尤其在评估法治教育与德育融合的影响时具有重要意义。需要设计涵盖法治和德育相关方面的问卷内容。问卷可以包括对法律知识的了解程度、对法律意识和法治观念的态度、对道德价值观的认同程度等方面的问题。问卷设计应该具有科学性和严谨性，能够全面反映个体对法治、道德的态度和价值观念。将设计好的问卷分发给被调查的个体，可以是学生、家长、社区居民等。在分发问卷时，要确保被调查对象能够理解问题内容，并鼓励他们真实、诚实地回答问题。收集问卷调查的数据，包括被调查者的回答内容和反馈意见。数据收集可以通过在线问卷平台、纸质问卷等方式进行，确保数据的全面性和准确性。对收集到的数据进行统计和分析，以了解个体对法治、道德的态度和价值观念是否发生积极变化。可以通过比较不同群体、不同时间段的数据，分析变化趋势和影响因素。根据数据分析的结果，对个体对法治、道德的态度和价值观念是否发生积极变化进行解释和评价。如果发现大部分个体的态度和价值观念发生了积极变化，可以说明法治教育与德育融合的项目取得了良好的效果。根据评估结果，提出改进措施和建议，以进一步提升法治教育与德育融合的效果。可能的改进措施包括优化教育内容和方法、加强教师培训、增加社会参与机会等。通过以上评估方法和步骤，可以全面了解个体对法治、道德的态度和价值观念是否发生积极变化，为法治教育与德育融合的项目效果评估提供科学依据。这种评估方法有助于发现问题、优化教育方案，提升教育质量和社会影响力，促进社会向着更加法治化、文明化的方向发展。

3. 行为的养成

法治教育和德育对于培养个体的遵纪守法意识至关重要。这种教育不仅仅是向人们灌输法律条文，更是通过一系列的教育手段，使个体深刻认识到法律的重要性和约束力，进而自觉地遵守法律法规，维护社会秩序的稳定。法治教育和德育可以增强个体的法律意识。通过学习法律知识和道德规范，个体可以更加清晰地认识到何为违法行为以及违法行为可能带来的后果，从而自觉地避免违法行为的发生。法治教育和德育可以提升个体的道德素养。道德品质是个体行为的内在动力，良好的道德素养能够使个体在面对诱惑时坚守底线，不轻易违背法律和社会规范。法治教育和德育还可以促进个体的责任意识和公民意识的培养，使其认识到作为一个公民的责任和义务，从而更加自觉地履行自己的法律和社会责任。

教育部门应当将法治教育和德育纳入教育体系，制定相关的课程和教材，将法律知识和道德规范融入学校教育中。社会各界应当加强对法治教育和德育的宣传推广，通过各种形式的宣传活动，普及法律知识，弘扬社会正气，引导社会风气向上向善。此外，家庭和社会组织也应当承担起法治教育和德育的责任，通过家庭教育和社会活动，培养孩子们正确的法律观念和道德观念，引导他们树立正确的人生价值观和行为准则。法治教育和德育是一个长期而持续的过程，需要教育部门、社会各界以及家庭共同努力，才能够取得良好的效果。只有通过不懈的努力，才能够培养出更多遵纪守法的公民，构建一个和谐稳定的社会环境。

（二）组织层面

1. 教育项目效果评估

评估法治教育与德育项目的实施效果是确保教育目标达成的重要环节。评估的内容可以涵盖教学质量、学生参与度、成果展示等多个方面，以全面了解项目对学生和社会的影响。教学质量是评估法治教育与德育项目的重要指标之一。通过考察教学内容的设置、教学方法的运用、教师的授课水平等方面，可以评估教育项目的教学质量。如果教学内容符合学生年龄和学习能力特点，教学方法灵活多样，教师教学水平高超，可以说明项目在教学质量方面取得了良好效果。学生参与度也是评估法治教育与德育项目的重要指标之一。学生参与度的评估可以通过观察学生在课堂上的表现、参与课外活动的情况等方面进行。如果学生表现出积极的学习态度，参与课堂讨论、小组活动等，积极参与社区服务、志愿活动等，说明项目在激发学生参与意愿和社会责任感方面取得了良好效果。成果展示也是评估法治教育与德育项目的重要指标之一。通过学生作品展示、社区服务成果展示等方式，可以展示项目的实际成果和社会影响。如果学生作品质量高、社区服务成果显著，得到社会的认可和赞誉，说明项目取得了良好的成果展示效果。还可以通过学生和家长的反馈来评估法治教育与德育项目的实施效果。学生和家长可以分享对项目的认知、态度和行为变化，以及对项目效果的评价和建议。通过收集这些反馈，可以更全面地了解项目的实施情况和社会影响力，为教育改进提供依据。通过评估教学质量、学生参与度、成果展示等多个方面，可以全面了解法治教育与德育项目的实施效果。这种评估方法有助于发现问题、优化教育方案，提升教育质量和社会影响力，推动社会向着更加法治化、文明化的方向发展。因此，教育机构应当建立健全的评估机制，不断完善教育工作，为青少年的全面发展和社会进步做出积极贡献。

2. 学校或组织氛围改善

法治教育和德育在学校或组织内部的氛围变化中发挥着重要作用。通过观察这些变化，可以评估法治教育和德育对于促进公民尊重法律、弘扬道德的影响。法治教育旨在向学生传授法律意识、法治精神和法律知识，使他们能够理解并遵守法律，以及在面对法律问题时具备正确的处理能力。在一个经过法治教育的组织中，人们更倾向于遵守法律规定，因为他们了解法律的重要性和作用。这种意识的提升会导致组织内部的行为更加规范，减少违法行为的发生。例如，学生在课堂上学习了关于诚实、诚信以及尊重他人财产的法律规定，他们会更加自觉地遵守这些规定，从而营造出更加和谐、积极的学习环境。德育对于组织内部氛围的影响同样重要。德育旨在培养学生的道德品质和行为规范，促使他们具备正确的价值观和道德判断能力。在经过德育的组织中，人们更注重道德与伦理，注重公平、正义和团队合作。这种价值观的树立会渗透到组织的各个方面，包括领导方式、决策机制以及团队关系。例如，一个重视德育的学校会着重培养学生的责任感和公民意识，使他们能够积极参与社会公益活动，并在日常生活中展现出高尚的品德。综合评估法治教育和德育对组织内部氛围的影响时，可以看到它们共同作用于组织的文化建设和价值观塑造。通过提供法治教育，组织能够确保成员了解并遵守法律规定，保障组织内部秩序和稳定；而通过德育，组织能够培养出品德高尚、具有社会责任感的成员，促进组织内部的和谐与团结。因此，有效的法治教育和德育不仅可以提升组织的整体素质，还能够为组织的可持续发展奠定坚实基础。要实现这些影响，需要持续的努力和全面的配套措施。教育机构和组织应该加强对法治教育和德育的投入，提供全面、系统的培训课程和资源，以确保教育目标的实现。同时，还需要建立有效的监督机制和评估体系，对教育效果进行定期评估和反馈，及时调整教育策略和方法。只有这样，才能真正实现法治教育和德育对于组织内部氛围的积极影响，为建设法治、和谐、进步的社会做出贡献。

（三）国家与社会的进步

法治教育在提高公民对法律和政府的认同感和信任度方面发挥着重要作用。通过法治教育，公民能够深入了解法律的作用和意义，认识到法律是保障公民权益、维护社会秩序的重要工具，从而增强对法律的认同感和信任度。同时，法治教育也能够使公民更加了解政府的职责和作用，认识到政府是依法行政、为民服务的主体，从而增强对政府的认同感和信任度。这种认同感和信任度的提升有助于增强国家治理的合法性和效能，推动国家治理体系和能力的现代化。法治教育可以帮助公民树立正确的法治观念，增强对法律的认同感。法治教育不仅向公民传授法律知识，更重要的是培养公民尊重法律、遵守法律的意识和行动。通过学习法治教育，公民能够深入了解法律的基本原则和核心价值，认识到法律是社会生活的基础规范，是保障公民权益、维护社会秩序的重要手段。因此，公民在日常生活中会更加自觉地遵守法律，同时对法律的合法性和正义性产生认同，从而增强对法律的认同感。法治教育也有助于提高公民对政府的认同感和信任度。通过法治教育，公民能够了解政府的职责和作用，认识到政府是依法行政、为民服务的主体。同时，法治教育也会向公民介绍政府的决策过程和治理方式，使其更加了解政府的工作原理和运行机制。这样一来，公民对政府的行政能力和公信力会有更加清晰的认识，增强对政府的信任度和认同感。

德育也对提高公民对法律和政府的认同感和信任度起到了积极作用。德育强调培养公民的道德观念和社会责任感，使其认识到尊重法律、遵守法律是每个公民应尽的义务，同时也使其认识到政府是为了公共利益服务的主体。通过德育，公民会更加注重自身的道德修养和行为规范，从而更加自觉地遵守法律、支持政府，增强对法律和政府的认同感和信任度。法治教育和德育对于提高公民对法律和政府的认同感和信任度具有重要意义。通过这些教育手段，公民能够深入了解法律和政府的作用和意义，增强对法律和政府的认同感和信任度，从而促进国家治理的合法性和效能，推动国家治理体系和能力的现代化。然而，要实现这一目标，需要教育部门、社会各界以及家庭共同努力，共同推进法治教育和德育的深入开展，不断提升公民的法治意识和道德修养，进而增强对法律和政府的认同感和信任度。

第六章　法治教育与德育的创新技术与工具

第一节　法治教育与德育的在线教育工具与平台

一、法治教育与德育的在线教育工具

在当今快节奏的社会中，人们对教育的需求不断增长，而在线教育平台正是满足这种需求的有效途径之一。针对法治教育与德育的融合，开设在线课程为学生提供了更加便捷、灵活的学习机会。通过在线教育工具，学生可以随时随地访问课程内容，包括视频讲座、文档资料、在线测验等学习资源，从而深入学习法治和德育知识，提升自身素质。视频讲座是在线法治教育与德育融合课程的核心组成部分之一。通过视频讲座，学生可以听取专家学者的讲解，了解法治精神、法律知识以及道德品质的重要性。这些讲座可以针对不同的主题展开，涵盖从基本的法律概念到现实生活中的法律案例，以及道德伦理方面的讨论，使学生能够全面理解并运用所学知识。文档资料也是在线课程的重要学习资源。这些资料包括课件、案例分析、法律文本等，通过文字形式呈现，方便学生深入学习和理解。学生可以在阅读这些资料的过程中，加深对法治和德育相关内容的认识，提升自己的学习效果。在线教育平台还提供了丰富多样的在线测验和练习题。这些测验可以帮助学生检验自己对所学知识的掌握程度，并及时发现和纠正错误。通过反复练习和自我评估，学生可以提高对法治和德育知识的理解和应用能力，从而更好地应对现实生活中的各种挑战。

除了这些基本的在线教育工具之外，一些先进的技术手段也被应用到了法治教育与德育融合课程中。比如，人工智能技术可以根据学生的学习情况和需求，个性化地

推荐学习内容和练习题目，提供定制化的学习体验。同时，虚拟现实技术可以模拟真实的法律和道德情境，让学生在虚拟环境中进行案例分析和决策，增强其实践能力和应对能力。通过在线教育平台开设法治教育与德育融合的课程，学生可以充分利用各种学习资源和技术手段，全面系统地学习法律知识和道德品质，提升自身素质和能力。这不仅为个人的成长和发展提供了重要支持，也有助于社会的法治建设和文明进步。因此，在线教育工具在推动法治教育与德育融合方面发挥着不可替代的作用，为构建和谐、法治的社会做出了积极贡献。

二、法治教育与德育的在线教育平台

（一）课程内容覆盖法治教育与德育

在设计丰富多样的课程，以期法治教育和德育的各个方面时，一个完善的在线教育平台是必不可少的。这样的平台可以为学生提供全面、系统的学习资源，包括视频讲座、文档资料、在线测验等，帮助他们深入学习法治和德育相关内容，提升自身素质和能力。课程内容应该覆盖法治教育的各个方面，包括宪法、法律基础知识、公民责任等。通过这些课程，学生可以了解国家的基本法律制度和法律原则，理解宪法的重要性和作用，掌握基本的法律概念和法律程序，培养自己的法治观念和法治意识。课程内容还应该涵盖德育的各个方面，包括社会道德、公共政策等。通过这些课程，学生可以了解社会的道德规范和价值观，认识到自己作为公民的责任和义务，关注社会的公共事务和公共政策，促进社会的和谐与进步。

（二）多样化和实用性

课程设计应该注重多样化和实用性，既要有理论性的知识讲解，也要有案例分析和实践操作。通过真实的案例和实际的问题，学生可以更加深入地理解所学的法治和德育知识，增强其实践能力和解决问题的能力。在线教育平台还可以为学生提供丰富多样的学习资源，包括视频讲座、文档资料、在线测验等。学生可以根据自己的学习需求和兴趣选择合适的学习资源，自主学习和探索，提升自己的学习效果和成绩。在线教育平台还可以为学生提供个性化的学习服务，根据学生的学习情况和需求，量身定制学习计划，提供针对性的学习指导和建议。这种个性化的学习服务可以帮助学生更好地解决学习中的困惑，提高学习的效率和质量。通过这样的平台，学生可以充分利用各种学习资源和个性化的学习服务，全面系统地学习法治和德育相关内容，提升自身的素质和能力。因此，在线教育平台在推动法治教育与德育融合方面发挥着不可替代的作用，为培养具有高度法治观念和良好道德品质的人才做出了积极贡献。

第二节　法治教育与德育的虚拟现实与增强现实应用

一、法治教育与德育的虚拟现实应用

（一）虚拟社区互动模拟

在虚拟社区环境中，学生将扮演不同的角色，如居民、商人、政府官员等，面临各种法治和道德问题。这种虚拟社区环境的创设可以通过虚拟现实技术实现，让学生身临其境地体验到不同决策对社区发展和公共利益的影响，从而达到法治教育与德育的目的。学生可以在虚拟社区环境中选择扮演不同的角色，体验不同身份的生活和责任。比如，他们可以选择成为一名居民，关注社区环境、治安和公共服务问题；也可以选择成为一名商人，关注经济发展、市场竞争和消费者权益；还可以选择成为一名政府官员，关注政策制定、资源分配和社会管理等问题。学生在扮演不同角色的过程中将面临各种法治和道德问题。例如，居民可能会面临环境保护、社区治安、公共资源分配等问题；商人可能会面临价格欺诈、商品质量、市场竞争等问题；政府官员可能会面临公共服务、政策制定、权力滥用等问题。通过这些问题的设置，学生可以思考和探讨不同决策对社区发展和公共利益的影响，加深对法治和道德的理解和认识。

学生可以通过互动模拟的方式，在虚拟社区环境中进行角色扮演和情景模拟。他们可以与其他学生或虚拟角色进行交流和互动，共同解决各种法治和道德问题，探讨最佳解决方案，促进合作和协商，培养团队合作和沟通能力。在虚拟社区环境中，还可以设置一些特定的任务和挑战，引导学生进行深入思考和探索。比如，学生可以被要求制订一项环境保护计划，解决社区垃圾处理问题；或者被要求协助商人解决市场竞争和价格战的问题；又或者被要求制定一项公共安全政策，提高社区治安水平等。通过这些任务和挑战，学生可以更加直观地感受到不同决策的重要性和影响，培养解决问题的能力和判断力。虚拟社区环境的创设是法治教育与德育融合的一种重要形式。通过这种环境，学生可以身临其境地体验不同角色的生活和责任，面对各种法治和道德问题，进行互动模拟和情景模拟，加深对法治和道德的理解和认识，培养解决问题的能力和判断力，为未来的社会参与和公民行为奠定坚实基础。因此，在虚拟现实应用中，法治教育与德育的结合将发挥出重要的教育价值和社会意义。

（二）历史事件重现

利用虚拟现实技术重现历史上的法治事件和道德冲突，为学生提供亲身体验历史人物选择和决策的机会，不仅可以增强他们对历史事件和法治原理的理解，还能深刻影响其法治观念和道德品质的培养。通过虚拟现实技术，如重现古代的司法审判、法律制定过程、道德伦理困境等。学生可以身临其境地感受到历史情境的真实性和紧张氛围，深入了解历史背景和相关人物的角色与行动。学生可以扮演历史人物的角色，参与到历史事件和道德冲突中，体验历史人物的选择和决策过程。比如，学生可以扮演一位古代法官，在一场重大案件审判中面临道德抉择和法律解释的困境；或者扮演一位政治家，在法律制定过程中平衡不同利益和价值观的考量；又或者扮演一位普通民众，在社会动荡时期选择是否支持法治和公正。在虚拟现实环境中，学生可以与其他参与者进行互动和协作，共同探讨历史事件和道德冲突的复杂性和多样性。通过角色扮演和情景模拟，学生可以深入体验历史人物的心理和思想，理解他们的选择和决策背后的原因和影响。

虚拟现实技术还可以为学生提供更加直观的学习体验和教育资源。学生可以通过虚拟现实眼镜或头戴式显示器，沉浸式地进入历史场景，感受历史事件的现场氛围和视觉效果，增强学习的吸引力和效果。在进行虚拟现实应用时，教师可以结合教学目标和学生需求，设计合适的情景模拟和互动体验。他们可以设置一系列任务和挑战，引导学生进行深入思考和探索，促进学生的学习和成长。因此，在教育实践中，应充分利用虚拟现实技术，推动法治教育与德育的有机结合，促进学生的全面发展和成长。

二、法治教育与德育的增强现实应用

（一）虚拟法律导览

增强现实技术为学生提供了一种全新的学习体验，通过虚拟法律导览的方式，学生可以利用增强现实应用在现实世界中浏览不同的法律文书、法规条款等，从而加深对法律知识的理解和掌握。这种增强现实应用不仅可以使学习过程更加生动直观，还能够激发学生的学习兴趣，促进其法治观念和道德品质的培养。通过增强现实技术，学生可以在现实世界中虚拟展示法律文书和法规条款，如宪法、法律法规、司法解释等。他们可以使用 AR 应用在手机、平板电脑或其他增强现实设备上浏览这些文书和条款，随时随地进行学习。这种虚拟导览的方式使学生能够以全新的视角和方式接触法律知识，增强学习的趣味性和吸引力。通过增强现实技术，学生可以进行互动式学习体验，更加深入地理解和掌握法律知识。他们可以通过 AR 应用对法律文书和法规条款进行放大、缩小、旋转等操作，深入研究其中的内容和细节。同时，他们还可以通过触摸、拖拽等手势操作与虚拟文书进行互动，加深对法律原理和条款的理解。

通过增强现实技术，学生可以进行多样化的学习体验和情景模拟。他们可以利用 AR 应用在不同的场景中展示法律知识的应用和实践，如在法庭审判现场模拟法律诉讼过程，在企业办公室模拟商业合同的签订过程等。这种情景模拟能够帮助学生更加直观地理解法律知识的实际应用，培养其解决问题和应对挑战的能力。在进行增强现实应用时，教师可以根据教学内容和学生需求设计合适的学习场景和虚拟导览内容。他们可以结合课堂教学和实地考察，设计一系列虚拟导览活动，引导学生深入了解法律知识，提升其法治观念和道德素养。通过增强现实技术进行虚拟法律导览是一种创新而有效的法治教育与德育融合的方式。通过这种方式，学生可以在现实世界中体验法律知识的虚拟展示和互动学习，加深对法律知识的理解和掌握，培养解决问题和应对挑战的能力，促进其全面发展和成长。因此，在教育实践中，应充分利用增强现实技术，推动法治教育与德育的有机结合，为学生提供更加丰富多样的学习体验和教育资源。

（二）角色扮演游戏

设计增强现实角色扮演游戏是一种创新的法治教育与德育融合的方式，可以让学生扮演不同的社会角色，在虚拟场景中解决各种法治和道德问题，从而培养他们的法律意识和责任感。通过这种游戏，学生不仅可以深入了解法律知识和职业职责，还可以锻炼解决问题的能力和团队合作精神，为其未来的社会参与和公民行为打下坚实基础。设计增强现实角色扮演游戏需要创建一个虚拟场景，如法庭、警察局、企业办公室等，以及各种社会角色，如律师、法官、警察、企业家等。学生可以通过增强现实应用穿戴设备或手机，在虚拟场景中扮演不同的角色，体验各种法治和道德问题的解决过程。游戏中设置各种法治和道德问题，如刑事案件审判、民事纠纷调解、社会治安维护等。学生扮演的角色需要根据情景和角色特点，提出合理的解决方案，并与其他角色进行互动和协商。通过角色扮演和情景模拟，学生可以深入理解法律知识的应用和实践，培养解决问题和应对挑战的能力。

游戏中可以设置一些挑战和任务，如模拟法庭辩论、模拟警察追捕行动等，引导学生进行深入思考和探索。学生需要在游戏中运用法律知识和专业技能，解决各种复杂问题，提升其团队合作和沟通能力，培养自己的判断力和决策能力。在进行增强现实角色扮演游戏时，教师可以根据教学目标和学生需求设计合适的游戏规则和情境设置。他们可以组织学生进行角色扮演和情景模拟，引导学生深入了解法律知识和职业职责，促进其全面发展和成长。设计增强现实角色扮演游戏是一种创新而有效的法治教育与德育融合的方式。通过这种游戏，学生可以在虚拟场景中扮演不同的社会角色，解决各种法治和道德问题，培养其法律意识和责任感，促进其全面发展和成长。因此，在教育实践中，应充分利用增强现实技术，推动法治教育与德育的有机结合，为学生提供更加丰富多样的学习体验和教育资源。

第三节　法治教育与德育的社交媒体与网络资源

一、法治教育与德育的社交媒体

（一）专题网站和博客

1. 多样的法治教育和德育资源

建立专门的网站或博客，定期发布法治教育和德育方面的文章、案例分析、学习资源等内容，是一种非常有效的社交媒体应用。通过这样的平台，学生可以获取到丰富多样的法治教育和德育资源，帮助他们深入理解相关概念和原则，提升自己的法治意识和道德素养。网站或博客上的文章可以涵盖各种法治教育和德育相关的话题。比如，可以有关于宪法、法律体系、司法制度等方面的介绍性文章，帮助学生了解法治的基本原理和运作机制；也可以有关于道德理念、社会责任、公共利益等方面的讨论，引导学生思考人与社会、人与人之间的关系。网站或博客上的案例分析可以帮助学生将抽象的法治和道德原则与实际情况相结合，更加深入地理解和应用所学知识。通过真实的案例和情境，学生可以了解法律和道德在现实生活中的作用和意义，从而更好地应对各种法治和道德挑战。

2. 多样的学习资源

网站或博客还可以提供丰富多样的学习资源，如法律文书、法规条款、学术论文、教学视频等。学生可以根据自己的学习需求和兴趣选择合适的资源进行学习和研究，拓展自己的法治视野和道德理念。网站或博客还可以设立专栏或论坛，为学生提供交流和讨论的平台。学生可以在这里分享自己的学习体会和思考，与他人交流观点和经验，共同探讨法治和道德问题，促进学习和成长。在建立网站或博客时，教师可以根据目标受众和教学目标设计内容和布局。他们可以结合课程设置和学生需求，定期发布相关文章和资源，保持内容的更新和丰富，吸引更多的学生关注和参与。建立专门的网站或博客，定期发布法治教育和德育方面的文章、案例分析、学习资源等内容，是一种非常有效的社交媒体应用。通过这样的平台，学生可以获取到丰富多样的法治教育和德育资源，帮助他们深入理解相关概念和原则，提升自己的法治意识和道德素养。

（二）在线资源库和文档资料

建立在线资源库，收集整理法治教育和德育的相关文献、资料、视频等资源，可以为学生和教师提供一个丰富的学习平台。这样的资源库不仅可以为学生提供广泛的学习资料，还可以为教师提供丰富的教学资源，促进法治教育与德育的深入开展。资源库可以收集各种与法治教育和德育相关的文献和资料。这些文献和资料可以包括宪法、法律法规、司法解释、德育理论、道德教育指南等内容。通过收集整理这些文献和资料，学生可以深入学习法治和道德的相关知识，提升自己的法治意识和道德素养。资源库还可以收集与法治教育和德育相关的视频资源。这些视频资源可以包括法治教育和德育的讲座、演讲、案例分析等内容。通过观看这些视频，学生可以更加直观地了解法治和道德的相关概念和原则，激发学习兴趣，提高学习效果。

除了文献和视频，资源库还可以收集与法治教育和德育相关的其他学习资源，如学术论文、教学课件、在线测验等。这些资源可以为学生提供多样化的学习体验，帮助他们全面掌握法治和道德知识，培养自己的法治观念和道德品质。在建立资源库时，可以考虑将其设计为一个开放式平台，允许用户上传和分享自己的学习资源。这样一来，资源库将会不断丰富和壮大，为更多的学生和教师提供更丰富的学习资源，促进法治教育与德育的广泛开展。资源库的建立还可以与社交媒体结合起来，通过社交媒体平台进行宣传和推广。可以创建专门的社交媒体账号或页面，定期发布资源库的更新内容和相关活动信息，吸引更多的用户关注和参与。同时，也可以利用社交媒体平台与用户进行互动和交流，了解用户的需求和反馈，进一步完善资源库的内容和功能。在建立资源库时，还可以考虑与相关教育机构、专家学者进行合作。这些合作伙伴可以为资源库提供更专业、更权威的学习资源，也可以为资源库的推广和运营提供更多的支持和帮助，共同促进法治教育与德育的发展和提升。建立在线资源库，收集整理法治教育和德育的相关文献、资料、视频等资源，是一种非常有效的社交媒体应用。通过这样的资源库，学生和教师可以自由获取和使用丰富多样的学习资源，促进法治教育与德育的深入开展，为学生的全面发展和成长提供有力支持。

二、法治教育与德育的网络资源

（一）法治教育短视频平台

在视频分享平台上发布关于法治教育和德育的短视频，以轻松幽默的方式传递相关知识和观点，是一种创新而有效的网络资源。这种方式能够吸引年轻人的关注和学习，让法治教育和德育的内容更加贴近他们的生活和需求，促进法治观念和道德素养的培养。这些短视频可以采用轻松幽默的风格，通过生动有趣的故事情节和幽默风趣的表现方式，向观众传递法治教育和德育的相关知识和观点。比如，可以通过情景剧或动画的形式，讲述一些法律案例或道德故事，引发观众的共鸣和思考。这样的视频不仅可以增加观看者的兴趣，还能够让法治教育和德育的内容更加容易被理解和接受。这些短视频可以结合当下的热点话题和流行元素，使内容更具吸引力和影响力。比如，可以借助网络流行语、潮流文化、社交媒体挑战等，将法治教育和德育的内容融入其中，引起年轻人的共鸣和关注。通过这样的方式，可以让法治教育和德育的内容更加与时俱进，更好地引导年轻人树立正确的法治观念和道德价值观。

这些短视频还可以结合生活化的场景和角色，让观众能够在轻松愉快的氛围中学习法治知识和道德原则。比如，可以通过模拟日常生活中的场景和角色，展示法律规则和道德准则在实际生活中的应用和意义。这样的视频不仅能够提供实用性的知识，还能够增强观众的参与感和体验感，使学习更加生动有趣。这些短视频还可以与专业机构或教育机构合作，邀请专业人士或专家学者参与内容制作，确保内容的准确性和权威性。通过与专业机构合作，可以为观众提供更高质量的法治教育和德育资源，提升内容的可信度和影响力。在发布这些短视频时，可以选择在流行的视频分享平台上发布，如 YouTube、抖音、Bilibili 等，以确保视频能够触达更广泛的观众群体。同时，可以利用社交媒体平台进行宣传和推广，通过分享和转发等方式扩大影响力，吸引更多的观众关注和参与。通过在视频分享平台上发布关于法治教育和德育的短视频，以轻松幽默的方式传递相关知识和观点，可以吸引年轻人的关注和学习，促进法治观念和道德素养的培养。这种方式不仅能够使法治教育和德育的内容更具吸引力和影响力，还能够让年轻人在轻松愉快的氛围中接受这些知识，更好地将其应用到实际生活中。因此，这样的网络资源将为法治教育与德育的深入推进提供有力支持。

（二）专家直播/讲座

1. 专家直播

邀请法律专家、社会学者等专家通过直播或线上讲座的方式分享法治教育和德育方面的知识和经验，是一种有效的网络资源。通过这样的活动，学生和公众可以直接与专家进行互动，深入了解法治教育和德育的相关内容，拓宽视野，提升认知水平，促进法治观念和道德素养的培养。通过邀请法律专家、社会学者等专家进行直播或线上讲座，可以为学生和公众提供丰富多样的学习资源。这些专家通常具有丰富的学术背景和实践经验，能够分享最新的法治教育和德育理论，讲解案例分析，解答疑问，为学生和公众提供深度学习的机会。直播或线上讲座的形式具有互动性强的特点，能够促进学生和公众与专家之间的交流和互动。在直播或线上讲座中，观众可以通过提问、评论等方式与专家进行实时互动，提出自己的疑问和观点，与专家进行深入探讨。这种互动形式有助于加深学习者对法治教育和德育内容的理解和掌握，提高学习效果和参与度。直播或线上讲座的内容可以针对不同的受众群体进行定制。可以根据学生的年龄段、学习需求和兴趣爱好，设计不同主题的直播或讲座，满足不同层次、不同类型的学习需求。比如，针对中小学生可以开设法治教育和德育课程，帮助他们建立正确的法治观念和道德价值观；针对大学生可以开设专业的法治教育和德育讲座，帮助他们深入学习和研究相关理论和实践。

2. 专家讲座

直播或线上讲座还可以结合实际案例和情景模拟，提供丰富多样的学习体验。专家可以通过讲解真实案例、模拟场景等方式，让学生和公众身临其境地感受法治和道德在实际生活中的应用和意义。这样的学习体验不仅可以增加学习的趣味性和吸引力，还能够增强学习者对法治教育和德育内容的理解和认知。在进行直播或线上讲座时，可以选择在专业的直播平台或教育平台上进行，确保活动的质量和可信度。同时，可以通过社交媒体平台和官方网站进行宣传和推广，吸引更多的学生和公众参与。通过充分利用网络资源，可以为法治教育和德育的深入开展提供有力支持，促进社会公众的法治观念和道德素养的提升。邀请法律专家、社会学者等专家通过直播或线上讲座的方式分享法治教育和德育方面的知识和经验，是一种有效的网络资源。通过这样的活动，学生和公众可以直接与专家进行互动，深入了解法治教育和德育的相关内容，提升认知水平，促进法治观念和道德素养的培养。

第四节　法治教育与德育的数据分析与教学优化

一、法治教育与德育的数据分析

（一）学生学习成绩分析

在法治教育和德育课程中，学生的学习成绩是评价其学习效果和能力发展的重要指标。通过对学生在这些课程中的学习成绩进行分析，可以了解不同学生群体在学习表现上的差异，并探讨这些差异与其他学科成绩的相关性。这种数据分析不仅可以帮助教师更好地了解学生的学习情况，还可以为提高法治教育和德育课程的教学质量和效果提供参考。可以通过对学生在法治教育和德育课程中的学习成绩进行统计和分析，了解整体的学习情况和成绩分布。可以计算平均成绩、及格率、优秀率等指标，分析不同成绩段的学生人数分布，以及学生的成绩波动情况。通过这样的分析，可以了解学生在法治教育和德育课程中的整体学习表现，并初步探讨可能存在的问题和改进方向。可以分析不同学生群体在法治教育和德育课程中的学习表现差异。可以根据学生的年级、性别、学习能力等因素，对学生的成绩数据进行分组比较。比如，可以比较不同年级学生的平均成绩、及格率等指标，探讨不同年级学生在学习表现上的差异；可以比较男女生在法治教育和德育课程中的成绩分布情况，分析性别在学习表现上是否存在差异；可以比较成绩优秀和成绩较差学生在法治教育和德育课程中的学习表现，探讨学习能力对成绩的影响等。

还可以探讨法治教育和德育课程成绩与其他学科成绩的相关性。可以通过分析学生在法治教育和德育课程中的成绩与其在其他学科（如语文、数学、英语等）中的成绩之间的相关性，了解不同学科之间的联系和影响。比如，可以计算法治教育和德育课程成绩与其他学科成绩之间的相关系数，分析不同学科之间的相关程度，探讨学生在不同学科中的学习表现是否存在一致性或差异性。在进行数据分析时，还可以考虑引入其他影响因素进行控制，以排除可能的干扰因素。比如，可以考虑家庭背景、学校环境、教学资源等因素对学生学习表现的影响，进行多元回归分析或方差分析，进一步探讨学生在法治教育和德育课程中的学习表现与其他因素之间的关系。通过以上数据分析，可以深入了解学生在法治教育和德育课程中的学习情况和表现，探讨不同学生群体在学习表现上的差异，以及与其他学科成绩的相关性。这种数据分析不仅可以为教师提供重要参考，帮助其制定针对性的教学策略和措施，还可以为学生个体的学习发展提供指导和帮助，促进法治教育和德育课程的持续改进和提高。

（二）学生参与度统计

统计学生参与法治教育和德育活动的频率和方式，如课堂讨论、志愿服务、社交媒体互动等，可以评估学生的参与程度和积极性，为法治教育和德育的实施提供重要数据支持。通过这些数据分析，可以了解学生参与法治教育和德育活动的情况，发现问题，提出改进措施，促进学生的全面发展和提升。可以通过调查问卷或学校记录等方式收集学生参与法治教育和德育活动的数据。调查问卷可以包括学生参与不同类型活动的频率、参与方式、参与动机等问题，通过学生的自我报告来了解他们的参与情况。学校记录则可以包括学生参与志愿服务、社团活动、课堂讨论等活动的记录，从学校角度对学生的参与情况进行统计和分析。可以对不同类型的活动进行分析，了解学生参与的情况和特点。比如，可以统计学生参与课堂讨论的频率和表现，分析不同学科、不同年级、不同性别学生在课堂讨论中的参与情况；可以统计学生参与志愿服务活动的次数和时长，分析不同学生群体在志愿服务中的参与情况和动机；还可以统计学生在社交媒体上的互动频率和内容，分析不同社交媒体平台在法治教育和德育中的作用和影响等。可以分析不同类型活动之间的关联性和影响因素。比如，可以探讨课堂讨论活动与学生学习成绩之间的关系，分析学生在课堂讨论中的参与程度与其学习成绩的相关性；可以探讨志愿服务活动与学生社会责任感之间的关系，分析学生参与志愿服务活动的动机和效果；还可以探讨社交媒体互动与学生社交能力和价值观的培养之间的关系，分析社交媒体在法治教育和德育中的作用和影响等。

除了定量数据分析，还可以通过定性研究方法，如深度访谈、焦点小组讨论等，了解学生参与法治教育和德育活动的体验和感受，探索他们参与的动机和意义。通过这样的研究方法，可以更深入地了解学生参与活动的内在动机和外在影响，为提升学生的参与积极性提供更有针对性的建议和措施。在进行数据分析时，需要考虑数据的可信度和有效性，避免因数据收集方法和样本选择等因素导致的偏差。同时，也需要综合考虑学校环境、教师因素、家庭背景等因素对学生参与活动的影响，以全面客观地评估学生的参与程度和积极性，为法治教育和德育的实施提供有效支持和指导。通过统计学生参与法治教育和德育活动的频率和方式，评估学生的参与程度和积极性，可以为法治教育和德育的实施提供重要数据支持。通过这些数据分析，可以了解学生参与活动的情况和特点，发现问题，提出改进措施，促进学生的全面发展和提升。

（三）学生态度和价值观调查

通过调查问卷等方式收集学生的态度和价值观数据，包括对法治、公民责任、社会公正等方面的看法，是了解学生对法治教育与德育的认知和态度的重要途径。这种数据收集方式可以帮助学校和教育机构更好地了解学生的观念变化和影响因素，为法治教育与德育的实施提供指导和支持。通过调查问卷收集学生的态度和价值观数据可以全面了解学生对法治、公民责任、社会公正等方面的看法。问卷可以包括一系列问题，涉及法治理念、公民权利与义务、社会公正等相关主题，通过学生的回答来获取他们的观点和态度。比如，可以询问学生对法律的理解和信任程度，对公民责任的认同程度，对社会公正的关注程度等。可以通过对收集到的数据进行分析，了解学生的观念变化和影响因素。可以统计不同学生群体在不同方面的观念和态度上的差异，比如不同年级、不同性别、不同学科背景的学生之间是否存在观念上的差异；可以分析学生在不同社会背景和家庭环境下的观念变化情况，比如家庭教育程度、社会经济地位等因素是否会影响学生的观念和态度。

可以通过数据分析来探讨学校教育和社会环境等因素对学生观念和态度的影响。

比如，可以分析学生参与法治教育和德育活动的频率和方式与其对法治、公民责任、社会公正等方面的看法之间的关系；可以探讨学校教育课程和教学方法对学生观念的塑造和影响，以及社会媒体、家庭教育等外部环境对学生观念的影响等。除了定量数据分析，还可以采用定性研究方法，如深度访谈、焦点小组讨论等，深入了解学生对法治教育与德育的态度和价值观的形成过程和影响因素。通过这样的研究方法，可以了解学生的观念变化和态度的深层次原因，为法治教育与德育的实施提供更为深入的理解和指导。在进行数据分析时，需要考虑数据的可信度和有效性，避免因数据收集方法和样本选择等因素导致的偏差。同时，也需要综合考虑学校教育、家庭教育、社会环境等多种因素对学生观念和态度的影响，以全面客观地评估学生的观念变化和影响因素。

通过调查问卷等方式收集学生的态度和价值观数据，包括对法治、公民责任、社会公正等方面的看法，可以为了解学生对法治教育与德育的认知和态度提供重要支持。通过对收集到的数据进行分析，可以了解学生的观念变化和影响因素，为法治教育与德育的实施提供指导和支持。

二、法治教育与德育的教学优化

（一）多元化教学内容

1. 案例分析

设计多样化的教学内容，涵盖法治教育和德育的各个方面，是为了满足学生的不同学习需求和兴趣，激发他们的学习兴趣和参与度，提高法治观念和道德素养。这种教学优化需要结合案例分析、讨论课、实践活动等多种教学方法，通过多样化的教学内容和形式，促进学生的全面发展和提高。设计多样化的案例分析是教学优化的重要组成部分。案例分析可以通过真实案例或虚拟情景等方式，让学生从具体的案例中学习法律知识和道德原则，理解法治和德育的重要性和应用场景。这种教学方法可以帮助学生将理论知识与实际情境相结合，加深对法治教育和德育内容的理解和应用。

2. 讨论课

讨论课是教学优化的重要环节。在讨论课中，学生可以就法治教育和德育的相关问题展开讨论和思考，交流意见和看法，拓宽视野，加深理解。教师可以通过引导和组织讨论，促进学生思维的碰撞和观念的碰撞，培养他们的批判性思维和团队合作能力。实践活动也是教学优化的重要内容之一。通过参与各种实践活动，如模拟法庭、社区服务、志愿者活动等，学生可以将法治观念和道德原则应用到实际生活中，增强自身的实践能力和社会责任感。这种教学方法可以帮助学生从实践中学习，提高他们的实际操作能力和解决问题的能力。在设计多样化的教学内容时，需要考虑学生的学习特点和实际需求，合理安排教学活动的内容和形式。教师可以根据不同学生的学习水平和兴趣爱好，灵活调整教学策略和方法，为他们提供个性化的学习支持和指导。同时，也需要充分利用教学资源和技术手段，如网络平台、多媒体教学等，丰富教学内容和形式，提升教学效果和吸引力。设计多样化的教学内容，涵盖法治教育和德育的各个方面，是为了满足学生的不同学习需求和兴趣，激发他们的学习兴趣和参与度，提高法治观念和道德素养。通过案例分析、角色扮演、讨论课、实践活动等多种教学方法的结合，可以促进学生的全面发展和提高。

（二）跨学科整合

将法治教育和德育融入各个学科中，与语文、历史、社会学等学科相结合，是一种有益的教学优化策略。通过将法治观念和道德理念贯穿于不同学科的教学内容中，可以帮助学生在学习过程中全面理解和应用这些重要概念，提升他们的法治意识和道德素养，同时也丰富了学科教学内容，增强了学生的学习兴趣和参与度。将法治教育和德育融入语文教学中。语文教学是培养学生综合语言运用能力和人文素养的重要途径。在语文教学中，可以通过选取与法治和道德相关的文学作品、诗歌、散文等文本，引导学生思考作品中所体现的法治观念和道德价值，分析人物行为背后的法律规范和道德准则，提升学生的文学鉴赏能力和价值判断能力。将法治教育和德育融入历史教学中。历史教学是帮助学生了解人类社会发展历程和历史事件的重要手段。在历史教学中，可以选取与法治和道德相关的历史事件和人物，如法治制度的形成与演变、道德思想的传承与发展等，通过案例分析和讨论，引导学生理解历史事件背后的法治精神和道德观念，培养他们对历史事件的批判性思维和价值判断能力。将法治教育和德育融入社会学教学中也是很重要的。社会学教学是帮助学生了解社会结构、社会关系和社会变迁的重要途径。在社会学教学中，可以选取与法治和道德相关的社会问题和现象，如社会不公、法治问题等，通过案例分析、实地调查等方式，引导学生理解社会问题背后的法治和道德维度，培养他们对社会现象的深刻理解和社会责任感。

除了以上几个学科外，还可以将法治教育和德育融入其他学科中，如政治、地理、生物等。在政治教学中，可以通过教学内容和案例分析引导学生了解国家法律制度和政治体制，培养他们的公民责任感和法治意识；在地理教学中，可以通过探讨环境保护、资源分配等问题，引导学生思考法治在环境保护和资源分配中的作用；在生物教学中，可以通过讨论生命伦理和科学道德等问题，引导学生探讨科学研究和技术发展中的法律和道德问题。在将法治教育和德育融入各个学科教学中时，需要注重教学内容的选取和教学方法的设计。教师可以根据学科特点和学生实际情况，灵活运用案例分析、角色扮演、讨论课、实践活动等教学方法，激发学生的学习兴趣和参与度，提高他们对法治和道德的理解和应用能力。将法治教育和德育融入各个学科中，与语文、历史、社会学等学科相结合，是一种有益的教学优化策略。通过多学科的整合，可以帮助学生全面理解和应用法治观念和道德理念，提升他们的法治意识和道德素养，促进学生的全面发展和提高。

第七章 法治教育与德育的国际化与跨文化比较研究

第一节 法治教育与德育的国际比较研究

一、教育体制的国际比较

（一）中央集权型教育体制

法治教育和德育在中央集权型国家的教育体系中的重要性备受关注。在这些国家，如中国和韩国，政府往往直接控制教育体系，并通过国家统一的课程标准来确保教育的一致性和质量。在这些国家，法治教育被视为培养公民意识和法治观念的重要途径。通过将法律知识和法治理念纳入课程标准，政府致力于培养学生的法律意识和遵纪守法的行为习惯。这些课程通常涵盖宪法、法律体系、法律权利和义务等内容，旨在帮助学生理解和尊重法律的权威，从而培养他们成为遵纪守法的公民。德育也是中央集权型国家教育体系中的重要组成部分。德育旨在培养学生的道德品质、社会责任感和公民素质。通过教授道德原则、社会规范和公民义务等内容，教育机构致力于塑造学生正确的价值观和行为准则。在这些国家，德育常常被纳入教育课程，并与法治教育相辅相成，共同培养学生的全面素质和社会责任感。

然而，与其他国家相比，中央集权型国家的法治教育和德育可能具有一些独特的特点。由于政府对教育体系的直接控制，这些国家往往能够更加强制性地推行法治教育和德育。政府可能会制定严格的课程标准和教学指导方针，要求学校和教师严格执行，确保教育目标的实现。这种强制性的教育模式可能会在一定程度上限制学校和教师的自主权，但也有助于确保教育质量和公平性。中央集权型国家的法治教育和德育可能更加注重集体主义和社会责任感。由于这些国家强调社会稳定和共同利益，教育体系往往强调个人与集体的关系，培养学生的集体主义精神和社会责任感。因此，在法治教育和德育课程中，可能会强调个人义务与社会责任的平衡，鼓励学生为社会发展和进步做出贡献。与此相对比，一些去中心化的国家可能更加注重个人主义和个人权利。在这些国家，法治教育和德育课程可能更加强调个人权利和自由，鼓励学生追求个人发展和自我实现。此外，这些国家的教育体系可能更加注重学生的自主学习和创造性思维，鼓励他们通过自主探究和实践活动来培养自己的道德品质和社会责任感。法治教育和德育在中央集权型国家的教育体系中具有重要地位，并通过国家统一的课程标准和强制性的教育政策来确保其实施和落实。与其他国家相比，这些国家的法治教育和德育可能更加强调集体主义和社会责任感，旨在培养学生的公民素质和社会参与能力。然而，不同国家之间仍然存在一定的差异，这些差异反映了各国在教育理念、价值观和社会制度上的不同。

（二）分权型教育体制

在分权型国家，如美国和德国，教育体系的特点在于地方政府或学校拥有更多的自主权和决策权。这种分权的教育模式使得法治教育和德育的实施更多地依赖于地方层面的自主性。尽管可能存在国家层面的教育标准，但实际的教学内容和方法往往因地区或学校而异。在这种情况下，地方政府或学校可以根据本地的文化、价值观和社会需求来调整课程设置和教学方法，从而更好地满足当地学生的需要。在美国，由于其分权的政治体系，教育体系由各州和地方政府管理。每个州都有自己的教育法规和教育标准，地方学区则负责实施这些标准并管理学校。在这样的体系中，法治教育和德育的实施会因州、地区或学校而异。一些州可能会将法治教育纳入课程标准，并要求学生学习宪法、法律体系和公民权利等内容。而在另一些地方，可能更加注重德育，通过教授道德原则、社会规范和公民义务来培养学生的道德品质和社会责任感。这种灵活性使得教育更能够适应当地社会文化和价值观的多样性，从而更有效地实现教育目标。在德国的教育体系中，各州也拥有教育管理的权力。每个州都有自己的教育部门和教育法规，负责管理学校和制定教育政策。在这种分权的体系下，法治教育和德育的实施也会因地区而异。一些州可能会将法治教育纳入课程标准，强调学生对法律的理解和尊重。而在另一些地方，可能更加注重德育，通过教授道德教育和社会责任感来培养学生的品德和公民素质。这种灵活性使得德国的教育体系能够更好地反映各地的文化和社会价值观，从而更加贴近学生的实际需求。分权型国家的教育体系也面临一些挑战。由于地方政府或学校拥有较大的自主权，可能会导致教育质量和标准的不一致性。一些地区可能缺乏资源或经验，导致教育质量不佳，而另一些地区则可能因为拥有更多资源或经验而教育质量较高。此外，由于地方政府或学校可以自行制定课程和标准，可能会存在教育内容的偏差或局限性，导致学生接受到的教育不够全面或均衡。分权型国家的教育体系注重地方的自主性和灵活性，使得法治教育和德育的实施更加适应当地的文化和社会需求。尽管存在一些挑战，如教育质量的不一致性和教育内容的偏差，但通过地方的自主权和教育管理的灵活性，这些国家能够更好地实现教育目标，培养具有良好法治观念和道德品质的公民。

（三）混合型教育体制

在介于中央集权型和分权型之间的教育体系中，例如日本和法国，教育管理呈现出一种中央与地方之间相互交织的模式。在这样的教育体系中，虽然存在一定程度的中央统一管理，但同时也允许地方政府或学校有一定程度的自主权。这种模式使得法治教育和德育的实施受到中央政府和地方政府的双重影响，教育政策和课程设置可能同时考虑到国家层面的统一性和地方层面的适应性。日本的教育体系由中央政府、地方政府和学校三个层面共同管理。中央政府负责制定教育政策、制定课程标准和提供经费支持，而地方政府和学校则负责具体的教育实施和管理。在这种体系中，法治教育和德育的实施受到中央政府和地方政府的双重影响。中央政府通过制定统一的教育法规和课程标准来确保教育质量和一致性，同时也允许地方政府和学校根据本地的文化、价值观和社会需求来调整课程设置和教学方法。这种灵活性使得日本的教育体系能够更好地适应当地的社会环境和学生的需求，从而更有效地实现教育目标。在法国的教育体系中也存在类似的情况。法国的教育体系由中央政府、地方政府和学校共同管理。中央政府负责制定教育政策、课程标准和考试制度，而地方政府则负责管理学校和提供教育服务。在这种体系中，法治教育和德育的实施同样受到中央政府和地方政府的双重影响。中央政府通过统一的教育法规和课程标准来确保教育的质量和一致性，同时也允许地方政府和学校根据当地的文化、传统和需求来灵活调整课程设置和教学内容。这种分权的教育模式使得法国的教育体系能够更好地反映各地的文化和社会价值观，从而更加贴近学生的实际需求。

介于中央集权型和分权型之间的教育体系也面临一些挑战。一方面，中央政府和地方政府之间可能存在教育政策和课程设置的不一致性，导致教育质量的不稳定性。另一方面，地方政府和学校可能因为资源不足或管理能力不足而无法有效地实施教育政策和课程标准，从而影响教育的质量和效果。因此，如何在中央与地方之间找到平衡，确保教育政策的一致性和实施的有效性，是这种教育体系所面临的重要挑战之一。介于中央集权型和分权型之间的教育体系如日本和法国，在法治教育和德育的实施上具有一定的特点。这种体系既允许中央政府对教育进行统一管理，又赋予地方政府和学校一定的自主权，以便更好地适应当地的社会文化和学生需求。然而，这种模式也面临着一些挑战，需要中央与地方之间的密切合作和有效协调，才能实现教育目标的最大化。

二、社会文化背景的国际比较

（一）注重个人权利与自由

1. 注重个人权利

在强调个人权利和自由的国家，如美国和英国，法治教育和德育往往更加注重个人权利和责任意识的培养。这些国家的教育体系强调个人权利和自由的重要性，同时也倡导个人责任和自我约束的观念。在这种文化背景下，法治教育和德育扮演着重要的角色，旨在培养学生成为具有独立思考能力、自主性和社会参与能力的公民。法治教育强调法律作为保障个人权利和自由的重要工具。通过教授宪法、法律体系和个人权利等内容，教育机构致力于培养学生对法律的理解和尊重，以及维护个人权利的意识。在美国，宪法被视为至高无上的法律文件，保障着公民的基本权利和自由。因此，美国的法治教育通常强调宪法的重要性，教导学生了解其权利和责任，并鼓励他们积极参与社会和政治活动，捍卫自己的权益。类似地，在英国，法治教育也具有重要地位。英国的法律体系基于普通法和议会立法，保障着公民的权利和自由。因此，英国的法治教育通常着重于教导学生了解英国法律体系的基本原则和程序，培养他们遵守法律、尊重法庭和维护个人权利的意识。通过法治教育，学生被教导理解法律对他们个人和社会的重要性，以及维护法律秩序和公平正义的责任。

2. 注重自由

与法治教育相对应的是德育，它注重培养学生的独立思考能力、自主性和自我约束能力。在个人权利和自由被强调的文化背景下，德育强调个人的责任意识和社会参与能力。在美国和英国，德育往往着重于培养学生的价值观和道德品质，以及他们在社会中的角色和责任。通过德育课程，学生被教导尊重他人、遵守道德规范、承担个人责任，并积极参与社会活动，为社会的进步和发展做出贡献。在美国和英国，德育通常强调个人的自主性和自我约束能力。学生被鼓励独立思考、勇于表达意见，同时也要学会自我约束和尊重他人的权利。这种德育理念与个人权利和自由的文化背景相契合，旨在培养学生成为有责任感、有道德观念的公民，能够在社会中积极参与并做出正确的选择。通过法治教育，学生被教导了解法律的重要性和自己的权利，以及维护法律秩序和公平正义的责任。而通过德育，学生被培养独立思考、自主性和自我约束能力，成为有责任感、有道德观念的公民，能够积极参与社会并做出正确的选择。这种教育理念旨在培养具有良好法治观念和道德品质的公民，为社会的稳定和进步做出贡献。

（二）注重社会责任与集体利益

在强调社会责任和集体利益的国家，如中国和日本，法治教育和德育扮演着重要的角色，旨在培养学生具有社会责任感和集体主义精神。这些国家的教育体系强调个人与社会的关系，注重培养学生的社会责任感、团队合作精神和社会公德心。在这种文化背景下，法治教育强调法律作为维护社会秩序和公共利益的重要工具，而德育则注重培养学生的社会责任感和集体主义意识。中国的教育体系注重培养学生的社会责任感和集体主义精神，法治教育被视为实现这一目标的重要途径之一。通过法治教育，学生被教导尊重法律、遵守法规，了解法律对社会秩序和公共利益的重要性。法治教育强调法律作为维护社会公平正义和保障公民权利的工具，鼓励学生积极参与社会活动，并为社会和集体利益做出贡献。

德育在中国的教育体系中也具有重要地位。德育注重培养学生的社会责任感、团队合作精神和社会公德心，强调个人应当为社会贡献力量，并考虑集体利益。通过德育，学生被教导尊重他人、团队合作、公平公正，并树立正确的社会价值观。在中国的教育体系中，德育不仅注重个人品德的培养，更强调个人与社会的关系，鼓励学生为社会的发展和进步贡献自己的力量。在日本的教育体系中，法治教育和德育也同样强调社会责任感和集体主义精神。日本的教育体系注重培养学生的团队合作精神和社会公德心，强调个人应当为社会的稳定和发展做出贡献。通过法治教育，学生被教导尊重法律、遵守规章，了解法律对社会秩序和公共利益的重要性。通过德育，学生被培养为有责任感、有社会参与意识的公民，积极投身于社会各项活动，为社会的进步和发展做出贡献。在这些国家的教育体系中，法治教育和德育的实施更加注重社会责任感和集体主义意识的培养，旨在培养学生成为具有社会责任感和团队合作精神的公民。与强调个人权利和自由的国家不同，这些国家的教育体系更加强调个人与社会的关系，注重个人应当为社会和集体利益做出贡献。这种教育理念反映了这些国家的文化和价值观，旨在培养学生成为能够为社会稳定和发展做出贡献的有责任感的公民。

（三）协调国家文化与教育政策

不同国家的法治教育和德育实施受到国家文化和教育政策的深刻影响。各国根据自身的文化传统、价值观和社会需求，制定相应的法治教育和德育政策，旨在保护和弘扬本国的文化精神和社会价值观。在教育实践中，教师通常会根据国家文化和政策要求，调整教学内容和方法，以确保法治教育和德育与国家的社会文化背景相协调。中国是一个重视社会稳定和集体利益的国家，法治教育和德育在中国的教育体系中占据着重要地位。中国的法治教育强调法律作为维护社会秩序和公共利益的重要工具，旨在培养公民的法律意识和社会责任感。与此同时，中国的德育注重培养学生的社会责任感、团队合作精神和社会公德心，强调个人应当为社会的稳定和发展做出贡献。这与中国传统文化中的"仁爱""忠诚""孝道"等价值观相契合，体现了中国社会的集体主义精神和社会责任感。在教育实践中，中国的教师通常会根据国家文化和政策要求，调整教学内容和方法，以确保法治教育和德育与中国的社会文化背景相协调。

相比之下，美国强调个人权利和自由，其法治教育和德育在教育体系中也呈现出独特的特点。美国的法治教育强调宪法和法律对个人权利的保护，旨在培养公民对法律的理解和尊重，并鼓励他们积极参与社会和政治活动，捍卫自己的权益。而德育则注重培养学生的个人素质和社会参与能力，强调个人独立思考、自主性和自我约束能力。这种教育理念反映了美国的价值观和文化传统，体现了个人主义和民主精神。在教育实践中，美国的教师通常会根据国家文化和政策要求，调整教学内容和方法，以确保法治教育和德育与美国的社会文化背景相协调。另一个例子是日本，日本的教育体系注重培养学生的社会责任感和集体主义精神。日本的法治教育强调法律对社会秩序的重要性，旨在培养公民遵守法律、尊重规章，并为社会贡献力量。而德育则注重培养学生的团队合作精神和社会公德心，强调个人应当为集体利益和社会稳定做出贡献。在教育实践中，日本的教师也会根据国家文化和政策要求，调整教学内容和方法，以确保法治教育和德育与日本的社会文化背景相协调。不同国家的法治教育和德育实施受到国家文化和教育政策的深刻影响。教育体系会根据国家的文化传统、价值观和社会需求，制定相应的法治教育和德育政策，以保护和弘扬本国的文化精神和社会价值观。在教育实践中，教师通常会根据国家文化和政策要求，调整教学内容和方法，以确保法治教育和德育与国家的社会文化背景相协调。

三、法治观念与传统文化

中国传统文化对法治观念的影响深远而复杂，主要体现在儒家思想、法家思想和道家思想三大流派中。这些思想在中国古代的政治、社会和法律制度中发挥了重要作用，并对现代法治理念的形成和发展产生了深远影响。同时，中国传统文化中关于法治、公正、廉洁等价值观念的内涵和演变，也为现代法治建设提供了重要启示。儒家思想对中国法治观念的塑造具有深远影响。儒家强调仁、义、礼、智、信等核心价值观念，认为人性本善，通过教化和教育可以使人们达到道德的完美境界。在法治观念方面，儒家提倡"仁政"，主张君主以仁爱之心治国，依法行政，为民众谋福利。儒家经典中的《尚书》《礼记》等对礼法制度的建设和法治理念的提倡起到了重要作用。在现代，儒家思想对法治观念的影响主要体现在强调法治与仁治的结合，注重在法律体系中融入人文关怀和情感关怀，以及倡导政府与民众之间的亲和关系。法家思想也对中国法治观念产生了深刻影响。法家强调法律的严明和权威，主张以法治国，强调法律的统一、明确和公正，倡导奖罚分明、法不阿贵的法治理念。在古代，法家思想对中国法律制度的建设产生了积极影响，推动了法律的规范化和制度化发展。在现代，法家思想对法治观念的影响主要体现在强调法律的权威和执行力，提倡建立完善的法律体系和执行机制，保障公民的权利和义务，维护社会秩序和公平正义。道家思想虽然在法治观念方面并不像儒家和法家那样直接强调，但其对中国传统文化的整体影响也不可忽视。道家强调"无为而治"，主张以柔克刚，以清静无为之心应对复杂的社会事务。在法治观念方面，道家思想强调自然规律和自然法则的运行，认为人类应该顺应自然、和谐共处，从而间接影响了中国传统法治观念的塑造。在现代，道家思想对法治观念的影响主要体现在强调法治与自然之道的统一，倡导建立人与自然的和谐关系，推动法治建设走向生态化和人文化。在中国传统文化中，关于法治、公正、廉洁等价值观念的内涵和演变也为现代法治建设提供了重要启示。首先，中国传统文化中对公正和廉洁的追求是法治建设的重要基石，体现了法治理念的本质要求。其次，中国传统文化中注重人伦关系和社会秩序的维护，为现代法治建设提供了重要参考和借鉴。最后，中国传统文化中注重道德教化和人性修养，为培养公民的法治观念和道德素养提供了重要参考。

第二节　法治教育与德育的国际交流与合作项目

一、法治教育与德育的国际交流

（一）学术交流与研讨会

学术交流与研讨会一直被视为促进全球学术界发展、加强国际合作与理解的重要途径之一。通过组织国际学术会议、研讨会以及研究交流等活动，可以让来自不同国家或地区的学者、专家和从业者分享彼此的经验、交流观点，进而促进理论研究和实践探讨。在当今世界，随着全球化的不断深化，学术交流与合作已经成为不可或缺的一部分。而在这个过程中，法治教育与德育的国际交流也越来越受到重视。国际学术会议、研讨会以及研究交流活动为学者、专家和从业者提供了一个分享最新研究成果、讨论前沿问题的平台。通过参与这些活动，他们可以了解来自不同国家或地区的同行在特定领域的研究进展、学术观点以及实践经验，从而拓宽自己的视野，深化对问题的认识。在这个过程中，法治教育与德育作为跨学科的领域也能够与其他学科相互交流、借鉴，促进法治理念和德育理念的传播与发展。国际学术会议、研讨会以及研究交流活动为不同国家或地区的学者、专家和从业者搭建了加强合作、共同攻克学术难题的平台。通过面对面的交流与讨论，他们可以发现共同的研究兴趣，探讨合作可能性，并共同开展跨国际合作研究项目。这种合作不仅有助于加快科研成果的转化和应用，还能够促进全球范围内的学术交流与合作，推动全球学术界的发展。在这个过程中，法治教育与德育的国际交流也能够通过各国学者的合作共享最佳实践，共同探索法治建设和德育发展的路径。

（二）学者互访与交流访问

开展学者互访、交流访问计划是促进不同国家或地区的教育工作者、政策制定者互相学习、借鉴的重要途径之一。通过这样的计划，可以实现教育领域的跨国交流与合作，深入了解对方的法治教育和德育实践，从而促进全球教育事业的发展与进步。学者互访与交流访问计划为教育工作者提供了与国外同行面对面交流、学习的机会。通过访问对方的学校、教育机构，参与对方的教学活动、教育项目，他们可以直观地了解对方的教育体系、教学方法以及德育与法治教育的实践情况。这种直接的交流与观摩可以帮助他们发现新的教育理念、方法与策略，启发他们改进自己的教育实践，提升教育质量与水平。同时，通过与国外同行的交流，他们也可以拓展自己的国际视野，增进对不同文化、教育体系的理解与尊重，从而更好地应对全球化时代的教育挑战。学者互访与交流访问计划有助于促进教育政策的互相借鉴与共同发展。政策制定者可以通过亲身访问和研究国外教育体系，深入了解对方的教育政策、法规和实践经验。这种了解有助于他们发现国外教育政策的优势和不足，借鉴其他国家或地区的成功经验，为本国的教育改革和政策制定提供参考和借鉴。同时，通过与国外政策制定者的交流与对话，他们也可以分享本国的教育政策和实践经验，促进跨国合作与共同发展。这种政策层面的交流与合作，有助于推动全球教育事业的发展，提高各国教育水平与公平性。

学者互访与交流访问计划还可以促进法治教育与德育的国际交流与合作。通过参与这样的计划，教育工作者和政策制定者可以了解不同国家或地区的法治教育和德育理念、政策和实践，探讨其共同点和差异，寻找合作与交流的可能性。这种国际交流与合作有助于加强全球法治观念的传播与普及，促进法治意识的增强和法治文化的建设。同时，它也有助于推动全球德育理念的交流与共享，促进德育实践的创新与发展。通过跨国交流与合作，可以促进法治教育和德育的国际化，推动全球教育事业朝着更加公正、平等、包容的方向发展。开展学者互访、交流访问计划是促进不同国家或地区的教育工作者、政策制定者互相学习、借鉴的重要途径。通过这样的计划，可以促进教育领域的跨国交流与合作，深入了解对方的法治教育和德育实践，从而推动全球教育事业的发展与进步。同时，法治教育与德育的国际交流也是这一进程中不可或缺的一部分，通过跨国交流与合作，可以促进法治教育和德育的国际化，推动全球教育事业朝着更加公正、平等、包容的方向发展。

二、法治教育与德育的合作项目

（一）跨国合作研究项目

各国的教育机构、研究机构合作开展关于法治教育和德育的跨国研究项目具有重要意义。这些项目可以通过调查不同国家的法治教育和德育政策、实践及效果，比较不同国家的经验和做法，探讨共同面临的挑战，并提出解决方案。这样的合作项目不仅有助于促进各国教育水平和质量的提升，还可以推动全球法治意识的普及和德育理念的传播。跨国研究项目可以调查不同国家的法治教育政策、法规和实践情况。通过收集和比较不同国家的法治教育政策文件、法律课程设置、教材编写、教师培训等方面的数据，可以全面了解各国法治教育的基本框架和运行机制。同时，通过实地调研和访谈，可以深入了解各国法治教育的实践情况，包括教学方法、评估制度、校园文化等方面的内容。这样的调查研究有助于发现不同国家法治教育的优势和不足，为各国改进法治教育政策和实践提供参考和借鉴。跨国研究项目可以比较不同国家的法治教育经验和做法。通过对不同国家法治教育的案例进行分析和比较研究，可以发现不同国家的法治教育模式和特点，探索其成功的经验和有效的做法。这样的比较研究有助于各国从他国的成功经验中汲取营养，借鉴先进的教育理念和方法，推动本国法治教育的改革和发展。同时，比较研究还可以促进各国之间的交流与合作，加强全球法治教育的共建共享。

跨国研究项目可以探讨共同面临的挑战，并提出解决方案。通过对不同国家法治教育面临的问题和挑战进行分析和总结，可以发现其背后的共性和普遍性。这些问题可能包括教师培训不足、法治教育资源不均衡、法治教育课程内容单一等方面的内容。针对这些问题，研究团队可以提出相应的解决方案，例如建立国际合作机制、开展师资培训项目、推动法治教育课程改革等。这样的探讨和方案提出有助于促进各国法治教育的改进和完善，推动全球法治教育事业的发展。跨国研究项目还可以促进法治教育与德育的合作与发展。法治教育和德育在教育实践中有着密切的联系和相互促进的关系。通过开展跨国研究项目，可以深入探讨法治教育与德育的内在联系和相互作用，探索其共同点和差异。同时，通过比较研究和案例分析，可以发现不同国家在法治教育与德育整合方面的成功经验和有效做法。这样的合作与交流有助于促进法治教育和德育的国际化，推动全球教育事业朝着更加公正、平等、包容的方向发展。各国的教育机构、研究机构合作开展关于法治教育和德育的跨国研究项目具有重要意义。这样的项目可以促进各国法治教育和德育的改进与发展，推动全球法治意识的普及和德育理念的传播，为构建人类命运共同体做出积极贡献。

（二）政府间政策对话与合作

各国政府开展国际间的政策对话与合作，共同制定法治教育和德育发展的政策框架、目标和指导原则，具有极其重要的意义。这种合作不仅可以促进全球法治意识的提高和德育理念的普及，还可以共同应对全球性挑战，推动全球教育事业的发展。国际间的政策对话与合作可以共同制定法治教育和德育发展的政策框架和目标。通过政策对话和磋商，各国政府可以就法治教育和德育的核心价值、目标和原则达成共识，共同制定全球范围内的法治教育和德育发展的政策框架。这样的政策框架将为各国制定和实施相关政策提供指导和借鉴，推动各国法治教育和德育事业朝着共同的方向发展。国际间的政策对话与合作可以分享经验和最佳实践。各国政府可以通过政策对话和合作项目分享自己的法治教育和德育实践经验，介绍成功的案例和有效的做法，从而互相学习、借鉴。这种经验分享和实践交流有助于各国发现自己在法治教育和德育方面的不足和问题，吸取他国的成功经验，促进本国的法治教育和德育事业的改进和提升。

国际间的政策对话与合作可以共同应对全球性挑战。法治教育和德育是各国教育事业中的重要组成部分，直接关系到国家的社会稳定、经济发展和人民幸福。面对全球性挑战，如极端主义、恐怖主义、贫困等，各国政府可以通过政策对话和合作项目，共同制定应对策略和措施，加强国际合作与协调，共同应对这些挑战，维护世界和平与安全。国际间的政策对话与合作还可以推动全球法治意识的普及和德育理念的传播。通过政策对话和合作项目，各国政府可以共同宣传和推广法治教育的重要性，提高公众对法治的认识和意识，增强全球法治观念的普及和推广。同时，也可以共同倡导和践行德育理念，促进全球德育意识的传播和普及，推动社会文明进步和人类发展。各国政府开展国际间的政策对话与合作，共同制定法治教育和德育发展的政策框架、目标和指导原则，具有重要的意义。这种合作有助于促进全球法治意识的提高和德育理念的普及，共同应对全球性挑战，推动全球教育事业的发展。同时，也有助于增进各国之间的友谊和合作，促进人类社会的和谐与进步。

第三节　法治教育与德育的跨文化教育挑战

一、语言和沟通障碍

（一）语言障碍导致的信息失真

跨文化教育在当今全球化的环境中变得越来越重要。在一个多元化的教室里，学生可能来自不同的文化背景，说着不同的语言，甚至使用共同的语言时也可能有着不同的口音、词汇和语法。这种多样性是一个宝贵的资源，但也带来了一系列挑战，其中之一是语言障碍可能导致信息传达时的失真和误解。因此，教师需要认识到这些挑战，并采取措施确保信息的准确传达，同时结合法治教育与德育，促进跨文化理解和交流。语言障碍可能会影响学生的学习和社交。学生可能会因为语言不流利而感到沮丧和孤立，从而影响他们的学术表现和情感健康。此外，语言障碍还可能导致误解和冲突，甚至引发文化上的偏见和歧视。在这种情况下，教师需要采取积极的措施，以帮助学生克服语言障碍，建立自信，同时促进跨文化理解和尊重。教师需要设计和实施有效的跨文化教育课程，以帮助学生理解和尊重不同的文化背景。这包括教授学生关于不同文化的历史、价值观、传统习俗和语言的知识。通过这样的课程，学生可以增进对其他文化的理解，减少误解和歧视的发生。同时，教师还应该鼓励学生参与跨文化交流活动，例如文化节庆祝活动、跨文化合作项目等，以促进学生之间的交流和合作，培养他们的跨文化沟通能力。教师还应该重视法治教育与德育，教导学生尊重法律和规章制度，遵守社会道德和价值观。在跨文化教育中，法治教育与德育可以帮助学生理解并尊重不同文化背景下的法律和道德规范，避免因文化差异而产生的冲突和误解。同时，法治教育与德育还可以培养学生的公民意识和责任感，使他们成为具有社会责任感的公民。在实践中，教师可以采取一系列措施来应对跨文化教育挑战。首先，他们可以提供语言支持和资源，帮助学生克服语言障碍。其次，他们可以设计多样化的教学活动，促进学生之间的跨文化交流和合作。此外，教师还应该不断提升自己的跨文化教育能力，不断更新教学方法和教材，以适应不断变化的教育环境。跨文化教育是当今教育领域面临的重要挑战之一。通过关注语言障碍、设计有效的跨文化教育课程，以及重视法治教育与德育，教师可以帮助学生克服文化差异带来的挑战，促进跨文化理解和交流，为学生的全面发展奠定基础。

（二）文化语境下的理解差异

在当今全球化的世界中，人们的文化背景和语言习惯各不相同，这导致了对语言理解和使用方式的差异。在跨文化交流中，这种差异可能引发信息的误解和沟通的失败。某些文化可能更倾向于含蓄和间接的表达方式，而另一些文化则更偏向于直接和明确的表达方式。这种理解差异挑战着教师在跨文化环境中促进有效沟通和理解的任务，特别是在结合法治教育与德育的背景下，这一挑战显得更为复杂和关键。含蓄和直接的表达方式之间的差异可能会导致信息的失真和误解。在一些文化中，人们可能会通过暗示、隐喻或非言语性的信号来表达意思，而在其他文化中，人们可能更习惯于直接陈述观点和意图。当不同文化的个体交流时，如果双方无法理解对方的表达方式，就会导致误解和沟通障碍。例如，一个含蓄的表达可能被误解为模棱两可或不坦率，而一个直接的表达可能被视为粗鲁或冒犯性的。理解和尊重不同文化的语言习惯是促进跨文化交流的关键。在教育环境中，教师需要意识到学生可能来自不同的文化背景，拥有不同的语言习惯和沟通风格。因此，教师需要培养学生跨文化交流的能力，包括教导他们理解和尊重不同文化的表达方式，以及培养他们适应不同沟通环境的能力。通过这样的教育，学生可以更好地应对跨文化交流中可能遇到的挑战，促进有效的沟通和理解。法治教育与德育在跨文化教育中也发挥着重要作用。法治教育可以帮助学生理解和尊重不同文化背景下的法律和规章制度，避免因文化差异而产生的冲突和误解。德育则可以培养学生的道德观念和价值观，使他们能够在跨文化交流中保持礼貌、尊重和理解，建立积极的人际关系。因此，在跨文化教育中，教师需要将法治教育与德育融入教学内容和教学方法中，帮助学生理解和应对跨文化交流中可能遇到的挑战。

为了应对跨文化教育中的语言理解和使用方式的差异，教师可以采取一系列措施。首先，他们可以通过教学材料和案例分析来引导学生理解不同文化的语言习惯和沟通风格，帮助他们逐步适应跨文化交流的环境。其次，教师可以组织跨文化交流活动，让学生亲身体验不同文化间的沟通方式，促进他们的跨文化交流能力和跨文化理解能力的提升。同时，教师还可以鼓励学生参与跨文化合作项目，与不同文化背景的同学合作，共同解决实际问题，从而促进跨文化交流和合作的发展。语言理解和使用方式的差异是跨文化教育中的重要挑战之一。通过理解和尊重不同文化的语言习惯，结合法治教育与德育，教师可以帮助学生克服语言差异带来的挑战，促进跨文化理解和交流，为学生的全面发展奠定基础。

二、教育资源和机会不均等

（一）教育资源不足的群体受限制

社会经济地位低下或处于边缘化的群体往往面临着教育资源不足的问题，这一现象在全球范围内都十分普遍。教育资源的不足主要表现在教材、教师和设施等方面的不平等分配。由于缺乏适当的教育资源，这些群体的学生可能无法获得充分的法治教育和德育机会，从而影响到他们的理解和实践水平。在跨文化教育中，这一挑战变得更加严峻，因为这些群体可能面临更多的文化差异和社会排斥，进一步加剧了他们的教育不平等现象。教育资源不足可能导致教育质量的下降，特别是在法治教育和德育方面。对于社会经济地位低下或处于边缘化的群体，他们可能无法获得最新的教材和资源，缺乏经验丰富的教师指导，学校设施也可能落后于其他地区。这种教育资源的不平等会直接影响到这些学生对法治和道德价值观的理解和实践。因此，他们可能缺乏对法律、公民权利和社会责任的基本认识，难以形成正确的道德观念和行为准则，从而影响到他们的个人成长和社会融入。教育资源不足可能加剧了社会经济地位低下群体与其他群体之间的教育差距。在一个充满文化多样性的社会中，对于处于边缘化的群体来说，他们可能面临更多的社会排斥和歧视，导致他们更难获得平等的教育机会。因此，这些群体的学生可能缺乏与其他群体进行跨文化交流和合作的机会，进而加剧了他们的文化隔阂和沟通困境。在这种情况下，他们更难以理解和尊重不同文化背景下的法律和道德规范，从而导致更多的社会不公和冲突。

针对这一挑战，教师需要采取一系列措施来减轻教育资源不足带来的影响。首先，政府和教育机构应该加大对社会经济地位低下或处于边缘化群体的教育支持力度，提高他们获得教育资源的机会和权利。这包括提供经济援助、加强教育基础设施建设、招聘更多素质高、富有经验的教师等措施，以确保这些群体能够获得平等的教育机会。其次，教师应该重视法治教育与德育，在课程设置和教学方法上注重培养学生的法律意识和道德观念。通过引导学生了解和尊重不同文化背景下的法律和道德规范，教师可以帮助他们克服文化差异带来的障碍，促进跨文化理解和交流。同时，教师还应该采取积极的措施，鼓励学生参与跨文化交流和合作活动，促进社会经济地位低下或处于边缘化群体与其他群体之间的互动和融合。教育资源不足是社会经济地位低下或处于边缘化群体面临的重要挑战之一，尤其在跨文化教育中更加突出。通过政府和教育机构的支持，以及教师的努力，可以减轻教育资源不足带来的影响，促进这些群体的全面发展和社会融合。同时，重视法治教育与德育，引导学生尊重法律和道德规范，也是解决这一挑战的关键所在。

（二）种族和文化歧视导致排斥

在某些社会中，种族和文化歧视造成了一些群体被排斥或边缘化的现象，这直接影响了他们接触和受益于教育资源的机会。这种社会现象不仅仅是一种道德上的问题，更是一种教育上的挑战，因为这会导致教育资源的不平等分配，进而影响到这些群体对法治和德育的参与，加剧教育不均等现象。种族和文化歧视造成的排斥和边缘化使得一些群体无法获得充足的教育资源。这些群体可能生活在贫困地区或社会经济地位低下，他们面临着教育资源匮乏的问题，包括教材、教师和学校设施等方面的不足。由于缺乏适当的教育资源，这些群体的学生面临着学习条件差、教学质量低下的困境，这直接影响到他们的学习成果和未来发展。种族和文化歧视可能导致一些群体被边缘化，进而被排斥在教育体系之外。这种排斥不仅影响到这些群体的教育机会，更影响到他们对法治和德育的理解和实践水平。在被排斥的群体中，法治教育和德育往往成为奢侈品，而非基本权利。他们可能无法获得适当的法律知识和道德价值观，从而容易陷入违法犯罪或道德困境中。这不仅加剧了社会的不稳定和不公平，也削弱了整个社会的法治意识和道德素养。

在这种情况下，跨文化教育面临着更加严峻的挑战。教师需要认识到种族和文化歧视对教育资源的不平等分配造成的影响，采取积极的措施来减少这种不平等现象。首先，教师可以通过政策制定和资源配置来确保教育资源的公平分配，特别是针对社会经济地位低下或边缘化的群体。其次，教师可以通过开展反歧视教育和跨文化理解培训，促进不同文化间的包容与交流，减少种族和文化歧视的发生。法治教育与德育在跨文化教育中也发挥着关键作用。教师可以通过法治教育，教导学生尊重法律和规章制度，增强他们的法治意识和法治观念，从而减少违法犯罪行为的发生。德育则可以培养学生的道德价值观和社会责任感，使他们成为具有公民意识和社会责任感的人才，为社会的和谐发展做出贡献。种族和文化歧视造成的排斥和边缘化现象严重影响了教育资源的公平分配，加剧了教育不均等现象。在跨文化教育中，教师需要认识到这一问题的严重性，采取积极的措施来减少种族和文化歧视的发生，促进教育资源的公平分配，从而实现教育的普及和公平。同时，法治教育与德育也应该被纳入跨文化教育的范畴，培养学生的法治意识和道德素养，为社会的和谐发展奠定基础。

（三）缺乏文化敏感性的教学

教育资源不均等往往反映了教育体系中的结构性不平等，这体现了教学内容和方法缺乏文化敏感性。尤其是对于处于边缘化群体的学生来说，教学内容可能与其文化背景和生活经验不相符，这可能降低他们对法治教育和德育的兴趣和参与度。这一现象在跨文化教育中更加显著，需要教师采取积极的措施来解决。教师需要认识到教学内容和方法的文化敏感性不足可能会排斥边缘化群体的学生。教育内容应该反映不同文化背景学生的需求和利益，而不仅仅是某一特定群体的价值观和经验。例如，在法治教育中，教师可以通过教授具体案例和故事，引导学生探讨不同文化背景下的法律和道德问题，从而促进学生的跨文化理解和尊重。在德育方面，教师可以通过引入不同文化的道德价值观和伦理观念，培养学生的全球公民意识和社会责任感。教师需要采取措施来提高教学内容和方法的文化敏感性，以确保所有学生都能够受益于教育资源。这包括培训教师，提高他们对不同文化背景学生需求的认识和理解，以及制定多样化的教学策略，满足不同学生的学习需求。例如，教师可以引入多元化的教学材料和教学方法，包括多语言教材、文化相关的案例分析等，以帮助学生更好地理解和参与教学过程。

教师还应该倡导建立包容性教育环境，鼓励学生分享自己的文化经验和观点，促进跨文化交流和合作。在这样的教育环境中，学生不仅能够学习到知识，还能够培养跨文化交流和合作的能力，增强自己的文化认同和自信心。这对于提高边缘化群体学生对法治教育和德育的兴趣和参与度至关重要。政府和教育机构也应该采取措施来解决教育资源不均等问题，提高教育体系的包容性和公平性。这包括加大对边缘化群体学生的资助和支持力度，提供更多的教育资源和机会，促进他们的全面发展。同时，政府和教育机构也应该加强监管和评估，确保教育资源的公平分配和使用，减少不平等现象的发生。教育资源不均等反映了教育体系中的结构性不平等，这直接影响到处于边缘化群体的学生对法治教育和德育的兴趣和参与度。在跨文化教育中，教师需要采取积极的措施来提高教学内容和方法的文化敏感性，确保所有学生都能够受益于教育资源，促进他们的全面发展。同时，政府和教育机构也应该加大对边缘化群体学生的支持力度，减少教育资源的不均等现象，实现教育的普及和公平。

第四节　法治教育与德育的国际化教材与课程设计

一、法治教育与德育的国际化教材

(一) 普适价值观的强调

国际化教材在设计和编撰过程中应当强调普适价值观，如公平、正义、尊重、责任等。这些价值观不受文化和国界的限制，能够为学生提供共同的道德和法治基础，促进他们的全球公民意识和跨文化理解。制作国际化教材的目的不仅在于传授学科知识，更在于培养学生的价值观念、社会责任感和全球视野，使其具备面对日益多元化的世界所需的能力和素养。普适价值观如公平、正义、尊重和责任是国际化教材的基石。这些价值观是人类社会共同的道德准则，无论文化和地域如何变化，都是人们共同认同和追求的目标。在国际化教材中，应当通过各种教学内容和案例，强调这些价值观的重要性，并引导学生思考其在不同情境下的应用和实践。例如，教材可以通过讲述历史事件、社会问题、人物故事等，展现公平正义的重要性，并引导学生思考如何在日常生活中践行尊重和责任。国际化教材应当注重跨文化理解和全球公民意识的培养。现代社会已经成为一个多元化和全球化的世界，学生需要具备跨文化交流和合作的能力，以适应不断变化的环境。因此，国际化教材应当通过涵盖多元文化的内容，促进学生对不同文化、信仰和价值观的理解和尊重。教材可以引入各种国际案例和实例，让学生了解不同文化间的差异和共通之处，培养其包容性思维和跨文化沟通能力。

国际化教材还应当注重法治教育和德育的融合。法治教育是培养学生法治意识和法律素养的重要途径，而德育则是培养学生良好品德和道德观念的关键手段。国际化教材应当结合法治教育和德育的理念和内容，让学生在学习知识的同时，也能够明白公民的权利和义务，树立正确的道德观念和行为准则。例如，教材可以引入法律案例和道德故事，让学生从中领悟法律与道德的关系，认识到法律的重要性和道德的普适性。国际化教材的编撰需要深入思考教育的目标和价值导向。教育不仅是为了传授知识，更是为了培养学生的人格和品格，让他们成为具有社会责任感和全球视野的公民。因此，国际化教材应当贯彻教育公平、普及和质量的原则，保证教育资源的平等分配和教育机会的普及，使每个学生都有机会接触到丰富多样的教育内容和价值观念。国际化教材应当强调普适价值观，如公平、正义、尊重、责任等，以培养学生的全球公民意识和跨文化理解能力。这些价值观不受文化和国界的限制，是人类社会共同的道德准则，能够为学生提供共同的法治和德育基础。通过国际化教材的设计和编撰，促进全球教育的发展，培养更加具有社会责任感和全球视野的新一代公民，为建设和谐、包容的世界贡献力量。

（二）多元化的教学资源

国际化教材的设计应当注重提供丰富多样的教学资源，以满足不同学生的学习风格和需求，提高教学的有效性和吸引力。这些资源包括文字材料、图像、视频、案例分析、游戏和模拟活动等，通过多元化的教学手段和资源，可以激发学生的学习兴趣，增强他们的学习体验，从而促进法治教育和德育的国际化发展。文字材料是国际化教材中的重要组成部分。文字材料可以包括教科书、教学手册、阅读材料等，通过文字表达传递知识和观念，帮助学生理解和掌握学科知识。这些文字材料应当简明清晰、易于理解，同时也要符合国际化的要求，避免地域性和文化性的局限，使其能够被广大学生接受和理解。图像和视频资源在国际化教材中具有重要作用。图像和视频能够直观地展现事物的外观和过程，帮助学生更加生动地理解和记忆知识。通过视觉化的教学资源，可以激发学生的学习兴趣，提高他们的学习参与度。例如，教材可以通过图片、图表、地图等展示世界各地的文化特色和社会现象，让学生了解不同文化间的差异和共通之处。

案例分析是国际化教材中的重要教学手段之一。通过真实的案例和实例，学生可以将理论知识与实践相结合，深入了解法治和德育在现实生活中的应用和意义。国际化教材可以引入各种国际性的案例，让学生了解不同国家的法律制度和道德观念，培养其跨文化理解和分析能力。游戏和模拟活动也是国际化教材中的重要组成部分。通过游戏和模拟活动，学生可以在轻松愉快的氛围中学习和实践知识，增强他们的学习动机和参与度。这些活动可以设计成角色扮演、模拟法庭、团队合作等形式，让学生在游戏中体验法治和德育的重要性和实践意义。除了以上提到的教学资源，国际化教材还可以结合信息技术，提供在线课程、电子书籍、虚拟实验室等新型教学资源，满足学生在数字化时代的学习需求。这些资源可以供学生随时随地进行学习，为其提供个性化和自主化的学习体验，增强学生的学习效果和成就感。国际化教材应当提供丰富多样的教学资源，包括文字材料、图像、视频、案例分析、游戏和模拟活动等。通过多元化的教学手段和资源，可以激发学生的学习兴趣，提高他们的学习体验，从而促进法治教育和德育的国际化发展。在未来的教育实践中，应当不断探索创新，不断完善国际化教材，为学生提供更加丰富、全面的教育资源，培养具有国际视野和全球意识的新一代公民。

（三）国际合作与审查

1. 提供丰富的学科专业知识

制作国际化教材需要进行国际合作与审查，这意味着吸引来自不同国家和文化背景的专家和教师参与教材的制作和审查过程，以确保教材的质量、准确性和可信度。国际合作和审查不仅能够丰富教材内容，还能够提高教材的适应性和国际化水平，为学生提供更加全面和多样化的学习体验，推动法治教育和德育的国际化发展。国际合作能够为国际化教材的制作提供丰富的学科专业知识和教育经验。吸引来自不同国家和地区的专家和教师参与教材的制作，可以充分利用各自的专业优势和教学经验，确保教材内容的科学性和实用性。这些专家和教师可以就教材的内容、结构、语言表达等方面进行深入的讨论和交流，提出宝贵的建议和意见，帮助完善教材的设计和编撰。国际审查能够确保教材的准确性和客观性。通过邀请来自不同国家和文化背景的教育专家和学者参与教材的审查，可以避免地域性和文化性的偏见，确保教材内容的客观性和全面性。这些专家和学者可以从不同的角度和视角审视教材内容，发现其中的问题和不足之处，并提出改进的建议和意见，确保教材能够反映多元化的教育需求和价值观念。

2. 提高教材的国际化水平

国际合作和审查还能够提高教材的国际化水平和适应性。吸引来自不同国家和文化背景的专家和教师参与教材的制作和审查，可以使教材更加贴近国际标准和实际需求，增强其适应不同国家和地区的教育环境和学生群体的能力。这些专家和教师可以从全球视野出发，为教材的国际化发展提供宝贵的经验和智慧，推动教育全球化的进程。国际合作和审查还能够促进教育资源的共享和交流。通过国际合作，不同国家和地区的教育机构和教师可以共同开展教材制作和研究项目，分享各自的教育资源和经验，推动教育理念和实践的交流与合作。这有助于丰富教育资源，提高教育质量，促进各国教育事业的共同发展。国际化教材的制作需要进行国际合作和审查，吸引来自不同国家和文化背景的专家和教师参与教材的制作和审查过程，以确保教材的质量、准确性和可信度。国际合作和审查不仅能够丰富教材内容，还能够提高教材的适应性和国际化水平，为学生提供更加全面和多样化的学习体验，推动法治教育和德育的国际化发展。在未来的教育实践中，应当进一步加强国际合作，促进教育资源的共享和交流，为建设开放、包容、多元的教育新格局做出更大的贡献。

（四）现代技术的应用

国际化教材的设计和制作需要充分利用现代技术，包括在线平台、互动式学习工具、虚拟现实等，以提供更具吸引力和互动性的学习体验。这些先进的教学工具不仅能够增强学生的学习兴趣和参与度，还能够促进法治教育和德育的国际化发展，为学生提供更加丰富、多样化的学习体验。利用在线平台可以为国际化教材提供更广泛的传播和使用渠道。通过建设在线教学平台或者利用现有的教育平台，国际化教材可以随时随地被学生访问和使用，不受时间和地域的限制。学生可以通过互联网在家中或者在学校进行学习，方便快捷。这种在线学习模式不仅能够提高学习的便利性和灵活性，还能够促进教育资源的共享和交流，推动法治教育和德育的国际化发展。利用互动式学习工具可以增强学生的学习参与度和互动性。互动式学习工具包括在线测验、游戏化学习、虚拟实验室等，通过各种形式的互动，可以使学生更加积极地参与到学习过程中，增强他们的学习兴趣和动力。例如，教材可以设计在线测验和练习题，让学生在检验知识掌握的同时，培养解决问题的能力和思维方式。此外，利用游戏化学习的方式，可以使学生在轻松愉快的氛围中学习知识，提高学习的效果和成就感。

利用虚拟现实技术可以提供更加生动直观的学习体验。虚拟现实技术可以模拟真实的场景和情境，让学生身临其境地进行学习和实践。例如，教材可以利用虚拟实验室模拟化学实验、物理实验等，让学生在虚拟环境中进行实验操作，观察实验结果，深入理解知识原理。这种虚拟实验的方式既安全可控，又能够提供更加直观和生动的学习体验，有利于增强学生的学习兴趣和理解能力。除了以上提到的教学工具，国际化教材还可以结合其他先进技术，如人工智能、大数据分析等，为学生提供个性化和智能化的学习支持。例如，教材可以根据学生的学习情况和需求，智能推荐相关的学习资源和活动，提供定制化的学习建议和反馈。通过这些先进技术的应用，国际化教材可以更好地满足学生的学习需求，提高教学的效果和吸引力。利用现代技术是实现国际化教材的重要途径之一。通过在线平台、互动式学习工具、虚拟现实等先进技术的应用，国际化教材可以提供更具吸引力和互动性的学习体验，增强学生的学习兴趣和参与度，促进法治教育和德育的国际化发展。在未来的教育实践中，应当进一步加强技术创新，不断完善教学工具，为学生提供更加丰富、多样化的学习体验，推动教育的现代化和全球化。

二、法治教育与德育的课程设计

（一）明确目标与核心价值观

确定课程的核心目标和价值观是制作国际化教材的首要任务之一。这一过程需要综合考虑社会需求、学生发展需求以及法治教育与德育的重要性，确保教材的设计和内容能够促进学生的全面发展和国际化素养的提升。核心目标可能包括培养学生的法治观念。法治观念是现代社会公民素质的重要组成部分，它不仅体现在对法律的尊重和遵守，还包括对公正、平等、公平的理解和实践。国际化教材应当致力于培养学生的法治意识，使他们能够理解法律的作用和意义，自觉遵守法律规定，积极参与社会生活，并具备批判性思维和法律解决问题的能力。核心目标还可能包括培养学生的道德品质。道德品质是人类社会生活中的基本要求，它关乎个体的品德修养和行为准则，以及社会的和谐发展和稳定。国际化教材应当致力于培养学生的良好道德品质，使他们具备诚实守信、正直勇敢、宽容尊重的品质，能够做出符合道德规范和社会价值的选择和行为。核心目标还可能包括培养学生的公民责任感。作为当代公民，学生应当承担起对社会和国家的责任，积极参与社会事务，为社会进步和发展贡献力量。国际化教材应当致力于培养学生的公民责任感，使他们了解国家法律法规、民主制度、公民权利和义务，懂得如何行使公民权利，参与社会治理，推动社会进步。为了确保课程目标与社会需求和学生发展需求相一致，教材的设计和编撰应当充分考虑当地和国际社会的实际情况，结合学生的年龄特点和学习水平，设计符合其认知发展和学习能力的教学内容和活动。此外，教材的设计还应当注重跨学科的融合和实践性的培养，通过跨学科的知识体系和实践活动，帮助学生建立综合性的法治观念和道德品质。确定课程的核心目标和价值观是制作国际化教材的关键步骤之一。这一过程需要综合考虑社会需求、学生发展需求以及法治教育与德育的重要性，确保教材的设计和内容能够促进学生的全面发展和国际化素养的提升。在未来的教育实践中，应当不断探索创新，不断完善国际化教材，为学生提供更加丰富、多样化的学习体验，培养具有国际视野和全球意识的新一代公民。

（二）文化敏感性与包容性

考虑到学生的文化背景和个人差异，课程设计必须具有高度的文化敏感性和包容性。这意味着教材的设计和内容应该尊重并理解不同文化之间的差异，避免强加特定的价值观念，同时鼓励学生探索和思考，以促进法治教育与德育的国际化发展。文化敏感性要求教材的设计者充分了解学生所处的文化背景和社会环境。在制作国际化教材时，必须考虑到不同国家、地区和民族的文化传统、价值观念和行为准则。例如，在教授法治观念和道德品质时，教材应当充分考虑到学生所处文化对于权威、责任、诚信等概念的理解和认知，避免简单地将西方的价值观念强加于他们。文化包容性要求教材的设计能够容纳不同文化之间的差异，并尊重多元文化的存在。这意味着教材不应将某种特定的文化视为标准，而应展现和尊重各种文化的特点和贡献。例如，在设计案例分析和实践活动时，教材可以选择来自不同文化背景的案例，让学生了解不同文化的法律制度和道德准则，促进跨文化的理解和交流。文化敏感性和包容性还要求教材设计能够体现多样性和包容性的原则，鼓励学生表达自己的观点和态度。教材可以通过引用不同文化背景的名人名言、故事、民间传说等，激发学生对多元文化的兴趣和探索欲望，培养他们的跨文化意识和包容性思维。

第八章 法治教育与德育的建设

第一节 法治教育与德育在法治社会中的作用

一、促进社会公平和正义

（一）确立法治的理念和个人品德的修养

1. 确立法治理念

通过法治教育，人们不仅能够了解法律的重要性、基本原则和规定，还能够形成尊重和遵守法律的意识。这种法治意识的形成不仅是对社会秩序和公共安全的重要保障，更是个人品德修养的一部分。确立法治的理念是塑造良好个人品德的基础。法治的核心价值在于建立公正、公平的社会秩序，使每个人都能享有平等的法律权利和义务。尊重和遵守法律是每个公民的基本责任，也是一个人做人的基本准则之一。通过法治教育，人们能够深入了解法律的重要性和意义，认识到法律是社会生活的基本规范，是保障人民权益和社会稳定的重要保障。只有确立了法治理念，人们才能够树立正确的法律意识，自觉遵守法律，自觉维护法律权利和义务，从而成为社会的有益成员和合格公民。个人品德的修养需要在法治的框架下得到体现和实践。个人品德的修养包括了道德、品行、修养等多个方面，其中尊重和遵守法律是其中的重要组成部分。通过遵守法律，人们不仅能够保护自己的合法权益，还能够维护社会公共利益，促进社会和谐稳定。遵守法律不仅仅是一种法律意识，更是一种道德约束和自我约束，体现了一个人的品行和修养。只有在法治的框架下，人们才能够充分体现自己的个人品德，展现出良好的社会公民形象，推动社会的健康发展和进步。法治教育在培养个人品德方面具有重要作用。通过法治教育，人们能够了解法律的基本原则和规定，深入了解法律对于社会和个人的重要性和意义，从而形成正确的法治观念和法治意识。在这个过程中，人们不仅能够树立正确的法治观念，还能够培养自我约束和自我管理的能力，提升自己的道德水平和个人品德。通过法治教育，人们能够更加深入地认识到法律是社会生活的基本规范和基本保障，遵守法律是每个公民的责任和义务，只有遵守法律、尊重法律，才能够维护社会的稳定和秩序，促进社会的繁荣和进步。确立法治理念和培养个人品德修养是相辅相成的。法治理念是确立个人品德基础和前提，而个人品德修养又是法治理念的具体体现和实践。只有在法治的框架下，人们才能够树立正确的法治观念，自觉遵守法律，从而提升自己的个人品德和社会公民素质。同时，只有具备良好的个人品德，才能够真正体现出法治理念的内涵和意义，为法治建设和社会进步做出积极的贡献。

2. 促进个人品德修养

德育不仅有助于弘扬社会的正义、诚信、友爱等道德价值观念，还能够引导人们树立正确的人生观和价值观。在德育的指导下，个人不仅能够提升自身的品德修养，更能够为社会的和谐发展做出积极的贡献。德育与确立法治理念密切相关。德育的目的之一就是培养公民的良好品德和道德观念，使他们能够自觉遵守法律、尊重法律、维护法律的权威和尊严。德育通过引导学生了解道德规范、培养道德情操、弘扬社会公德，为建设法治社会奠定了重要基础。在德育的引导下，人们不仅能够树立正确的法治观念，还能够将其内化为自己的行为准则，自觉遵守法律，自觉维护法律的权威，成为法治社会的积极参与者和建设者。德育有助于个人品德的修养。个人品德的修养包括道德、品行、修养等多个方面，其中尊重、诚信、友爱等道德品质是其中的重要组成部分。德育通过引导学生学习和模仿优秀的道德典范，培养他们的良好品格和行为习惯，促进个人品德的全面发展。在德育的指导下，个人不仅能够树立正确的人生观和价值观，更能够将其内化为自己的思想和行为，表现出良好的社会公德和个人品质，成为社会的有益成员和合格公民。德育在培养社会正义感和公民责任感方面发挥着重要作用。社会正义感是指个人对社会公平、公正、公义的认识和追求，公民责任感是指个人对社会、国家、民族和人类的责任和义务的认识和担当。德育通过引导学生关注社会问题、参与社会实践、培养社会责任感，使他们能够积极参与社会公益事业，为促进社会的公平正义、繁荣稳定作做积极贡献。在德育的指导下，个人不仅能够树立正确的人生观和价值观，更能够将其内化为自己的社会责任，自觉履行公民义务，推动社会的和谐发展和进步。德育对个人与社会的意义不仅在于培养良好的品德和道德观念，更在于引导个人积极投身社会事业，促进社会的和谐稳定和可持续发展。德育不仅是个人品德修养的重要途径，更是社会建设的重要保障。只有通过德育，个人才能够真正成为社会的有益成员和合格公民，为社会的繁荣和进步做出积极的贡献。

（二）强调法律的普遍性和平等性

强调法律的普遍性和平等性是法治教育的重要内容之一，它在塑造法治社会中扮演着至关重要的角色。法治教育旨在教导人们理解法律的普遍性和平等性，以确保每个人都能享有同等的法律保护和权利，从而为社会的公平和正义提供坚实的基础。法治教育通过传授法律知识和价值观，帮助人们认识到法律的普遍性。法律是为了管理社会和维护秩序而制定的规则和准则，它适用于每个人，无论其身份、地位或财富状况如何。通过法治教育，人们能够理解法律对所有人都具有普遍适用性，不会因个人或特定群体的利益而改变或偏袒。这种普遍性的认识有助于加强社会成员对法律的尊重和遵守，从而确保社会秩序的稳定和良好运行。

法治教育强调法律的平等性。平等是法治社会的核心价值之一，意味着每个人在法律面前都应当受到平等对待，享有同等的权利和机会。法治教育通过教育人们关于法律平等的概念和原则，让他们认识到法律不分人种、性别、财富等差异，所有人都应当受到公平和正义的对待。这种平等意识的培养有助于减少社会中的歧视和不公正现象，促进社会的和谐与稳定。法治教育不仅有助于提高个人的法律意识和素养，还有助于推动社会的法治进程。在一个法治社会中，公民应当了解自己的权利和义务，遵守法律规定，积极参与社会事务，并且在必要时行使自己的法律权利。法治教育通过普及法律知识、强调法律的普遍性和平等性，培养了公民的法治观念和责任感，使他们能够成为社会的积极参与者和法治建设的推动者。法治教育还有助于建立公民对法律的信任和支持。在一个法治社会中，公民对法律的信任是维护社会秩序和稳定的重要保障。通过法治教育，公民能够了解法律对所有人都具有普遍性和平等性，不会因个人或特定群体的利益而改变或偏袒，从而增强了他们对法律的信任和支持。这种信任和支持有助于加强社会对法治的认同和维护，推动法治社会的健康发展。法治教育在强调法律的普遍性和平等性方面发挥着重要作用。通过普及法律知识、强调法律的普遍性和平等性，法治教育不仅有助于提高个人的法律意识和素养，还有助于推动社会的法治进程，建立公民对法律的信任和支持，从而为社会的公平和正义提供了坚实的基础。

（三）尊重他人权利和自由

德育强调尊重他人的权利和自由，是培养学生的公民意识和社会责任感的重要组成部分。通过德育，人们学会尊重他人的意见、权利和自由，不侵犯他人的合法权益，从而减少社会的不公平和不正义现象。德育在法治社会中的作用不可忽视，它有助于培养公民的良好品德和行为规范，促进社会的和谐与稳定。德育通过塑造学生的道德观念和价值观，培养了他们尊重他人的意识和行为习惯。在德育中，学校注重培养学生的品德和道德素养，强调尊重、诚信、友爱等价值观念的重要性。学生通过参与德育活动和课程学习，逐渐形成了尊重他人的良好习惯和态度，能够理解并尊重他人的权利和自由，避免侵犯他人的合法权益。德育有助于培养学生的公民意识和社会责任感。公民意识是指公民对社会和国家的认同和责任感，包括对法律的尊重和遵守，对社会秩序的维护和参与等。通过德育，学校引导学生了解自己作为公民的权利和义务，促使他们积极参与社会事务，关心社会问题，为社会的进步和发展贡献自己的力量。这种公民意识和社会责任感的培养有助于减少社会的不公平和不正义现象，推动社会的和谐与进步。

德育还有助于提高学生的社会情感和情商。通过德育活动和课程学习，学生学会与他人和睦相处、合作共赢，培养了良好的人际关系和团队合作能力。这种社会情感和情商的提高有助于减少社会中的冲突和矛盾，促进社会的和谐与稳定。德育对于塑造社会文明和法治社会具有重要意义。在一个法治社会中，公民的道德品质和行为规范对于维护社会秩序和稳定至关重要。通过德育，学校能够培养出一代又一代具有良好道德素质和社会责任感的公民，为社会的法治建设提供了坚实的基础和保障。这种道德素质和社会责任感的培养有助于减少社会中的不良行为和违法现象，促进社会的文明进步和法治社会的健康发展。德育在法治社会中发挥着重要作用，它有助于培养学生尊重他人的意识和行为习惯，促进社会的公平和正义，培养公民的公民意识和社会责任感，提高社会的文明程度和法治水平。因此，学校应加强德育，培养学生的良好品德和行为规范，为社会的和谐与稳定做出积极贡献。

（四）减少社会不公平和不正义现象

法治教育与德育共同努力，致力于减少社会的不公平和不正义现象，是构建法治社会的重要一环。通过教育，人们能够更好地理解和尊重法律，树立正确的价值观念和道德观念，从而促进社会的公平和正义。这种共同努力在塑造公民素质、培养社会责任感和推动社会进步方面发挥着不可忽视的作用。法治教育旨在提高公民的法律意识和素养。通过教授法律知识、普及法治观念，法治教育使人们了解法律是社会生活的基本规范和准则，是维护公平和正义的重要保障。公民在接受法治教育的过程中，逐渐认识到自己的权利和义务，学会遵守法律规定，了解法律对自己和他人的约束和保护。这种法律意识的提高有助于减少社会中的违法行为和犯罪现象，促进社会的秩序和稳定。德育注重培养学生的道德品质和行为规范。德育通过教授道德知识、强调道德价值观念，使学生了解正确的行为准则和道德规范，培养他们尊重他人、诚信守约、爱护环境等良好品质和行为习惯。这种德育有助于塑造学生的良好品德和行为素养，减少社会中的不良行为和道德缺失现象，促进社会的和谐与进步。

法治教育与德育的共同努力还体现在培养社会责任感和公民素质方面。通过教育，人们认识到作为公民的责任和义务，积极参与社会事务，为社会的发展和进步贡献自己的力量。法治教育使人们了解法律对自己和社会的重要性，德育强调个人的社会责任和行为规范，促使人们积极参与社会建设，关心他人，关心社会，形成良好的公民素质和社会责任感。这种公民素质和社会责任感的培养有助于减少社会中的自私自利和漠视他人现象，促进社会的和谐与稳定。法治教育与德育的共同努力也有助于提升社会的公平和正义水平。通过教育，人们树立正确的价值观念和道德观念，尊重法律、尊重他人，减少社会中的不公平和不正义现象，促进社会的公平和正义。法治教育使人们了解法律的普遍性和平等性，德育强调尊重他人的权利和自由，使人们学会守法、诚信、友爱，共同构建一个公平、正义、和谐的社会。法治教育与德育共同努力，致力于减少社会的不公平和不正义现象。通过教育，人们能够更好地理解和尊重法律，树立正确的价值观念和道德观念，从而促进社会的公平和正义。这种共同努力在塑造公民素质、培养社会责任感和推动社会进步方面发挥着不可忽视的作用，为构建法治社会提供了重要支撑和保障。

二、维护社会稳定和秩序

（一）法治观念和道德素养

当公民普遍具备法治意识和社会责任感时，他们会更加尊重他人的权利和利益，减少了个人之间的矛盾和冲突。这有助于维护社会的稳定和秩序，减少了社会动荡和不安定因素的出现。法治教育与德育在法治社会中的作用是不可忽视的，它们共同促进了公民的法治观念和道德素养，推动了社会的和谐与进步。法治教育使公民了解法律的重要性和普遍性，树立了尊重法律的意识。通过普及法律知识，法治教育让公民了解法律是社会秩序和公平正义的基石，具有普遍性和约束力，对每个人都适用。公民意识到违法行为不仅违反法律规定，也损害社会和个人利益，因此更加尊重法律，自觉遵守法律规定，不会轻易违反法律规定，避免了不必要的法律纠纷和矛盾。德育培养了公民的道德品质和社会责任感，促使他们尊重他人的权利和利益。德育强调诚信、友爱、互助等价值观念的重要性，培养了公民的良好品德和行为规范。公民在德育的影响下，学会了尊重他人、关心社会，积极参与社会事务，为社会的和谐与进步贡献自己的力量。这种道德品质和社会责任感的培养有助于减少个人之间的矛盾和冲突，促进社会的稳定和和谐。

（二）公民素质和社会责任感

法治教育与德育共同塑造了公民的素质和社会责任感，推动了社会的公平和正义。通过法治教育和德育，公民了解了法律对每个人都具有普遍性和约束力，不允许任何人违反法律规定，损害社会和公共利益。公民意识到自己作为公民的责任和义务，积极参与社会事务，为社会的发展和进步贡献自己的力量。这种公民素质和社会责任感的培养有助于减少社会中的不公平和不正义现象，促进社会的公平和正义，维护社会的稳定和秩序。法治教育与德育的共同作用有助于减少社会动荡和不安定因素的出现。公民具备了法治意识和社会责任感，尊重法律、尊重他人，遵守法律规定，不轻易违法犯罪，不会随意侵犯他人的权利和利益，从而减少了个人之间的矛盾和冲突，维护了社会的稳定和秩序，为社会的和谐与进步创造了良好的环境。法治教育与德育在法治社会中发挥着重要作用，共同促进了公民的法治观念和道德素养，推动了社会的和谐与进步。只有当公民普遍具备法治意识和社会责任感时，社会才能够更加稳定、和谐，减少了社会动荡和不安定因素的出现，为社会的发展和进步提供了有力保障。

三、促进文明进步

（一）增强人与人之间的合作与信任

公民的法治意识和道德素养的提升在促进社会的共同发展中发挥着关键作用。当公民普遍具备法治意识和道德素养时，他们更加倾向于尊重他人、遵守法律，从而增强了人与人之间的相互尊重和合作。这种相互尊重和合作不仅有助于增进社会的和谐与稳定，也为社会的共同发展创造了良好的环境。法治教育的提升使公民更加了解和尊重法律，从而增强了他们的法治意识。通过普及法律知识和强调法律的普适性和约束力，法治教育使公民认识到法律是社会秩序和公平正义的基石，对每个人都具有普遍性和约束力。公民了解了违法行为不仅违反法律规定，也损害社会和个人利益，因此更加尊重法律，自觉遵守法律规定，不会轻易违反法律规定，避免了不必要的法律纠纷和矛盾。

德育的提升培养了公民的道德品质和社会责任感，促使他们尊重他人的权利和利益。德育强调诚信、友爱、互助等价值观念的重要性，培养了公民的良好品德和行为规范。公民在德育的影响下，学会了尊重他人、关心社会，积极参与社会事务，为社会的和谐与进步贡献自己的力量。这种道德品质和社会责任感的培养有助于增强人与人之间的相互尊重和合作，为社会的共同发展奠定了坚实基础。法治意识和道德素养的提升有助于增进人与人之间的信任关系，从而促进了合作意愿的增强。当公民普遍具备法治意识和道德素养时，他们会更加倾向于尊重他人、信守承诺，从而增强了人与人之间的信任感。这种信任关系的增强有助于促进合作意愿的增强，人们更愿意相互合作、共同发展，共同推动社会的进步和发展。法治意识和道德素养的提升有助于推动社会向着更加文明、进步的方向发展。当公民普遍具备法治意识和道德素养时，社会关系将更加和谐，人与人之间的相互尊重和合作也将增强，从而推动社会向着更加文明、进步的方向发展。公民之间的信任关系更加稳固，合作意愿增强，有利于推动社会的共同发展和进步。公民的法治意识和道德素养的提升对促进社会的共同发展具有重要意义。当公民普遍具备法治意识和道德素养时，他们将更加尊重他人、遵守法律，增强了人与人之间的相互尊重和合作，从而推动了社会向着更加稳定、和谐、文明、进步的方向发展。

（二）激发社会创新和发展活力

在一个法治和道德规范的社会环境中，人们更加注重合作与共赢，尊重创新和进步。这将激发社会的创新和发展活力，推动科技、经济、文化等各个领域的进步与发展。法治教育与德育在法治社会中的作用是至关重要的，它们不仅塑造了公民的法治观念和道德素养，还促进了社会的公平正义、社会责任感和公民素质的提升，从而为社会的和谐发展提供了坚实基础。法治教育的提升培养了公民的法治意识，使他们更加注重遵守法律、尊重法律，并将法律作为自己行为的准则。在法治社会中，公民了解了法律是社会秩序和公平正义的基石，对每个人都具有普遍性和约束力。因此，他们在行为中更加谨慎，遵守法律法规，积极维护社会的法治秩序。与此同时，德育强调尊重他人、关爱社会、诚实守信等价值观念，培养了公民的道德品质和社会责任感。公民在德育的影响下，更加注重他人的权利和利益，尊重社会规范和道德准则，从而促进了社会关系的和谐与稳定。法治教育与德育的提升有助于促进社会的合作与共赢。在法治和道德规范的社会环境中，人们遵守法律法规，诚实守信，建立起彼此之间的信任关系，从而为各种合作机会提供了良好的基础。公民们在法治意识和道德素养的引导下，更加愿意与他人合作，共同解决社会问题，实现共同利益，推动社会的共同发展。

法治教育与德育的提升有助于激发社会的创新和发展活力。在法治和道德规范的社会环境中，人们尊重创新和进步，鼓励探索和创造。公民们积极参与社会事务，关注社会问题，提出解决方案，推动社会的创新和发展。法治教育培养了公民的创新意识和创造能力，使他们更加乐于接受新思想、新技术、新理念，促进了社会的创新和进步。法治教育与德育的提升有助于推动科技、经济、文化等各个领域的进步与发展。在法治和道德规范的社会环境中，公民们更加注重社会责任感和社会效益，积极参与社会事务，为社会的发展贡献自己的力量。他们遵守法律法规，诚实守信，推动了科技创新、经济发展和文化繁荣，为社会的繁荣与进步注入了新的活力。法治教育与德育在法治社会中的作用是不可忽视的。它们不仅培养了公民的法治意识和道德素养，促进了社会的公平正义、社会责任感和公民素质的提升，还激发了社会的合作与共赢，推动了社会的创新和发展活力，促进了科技、经济、文化等各个领域的进步与发展。只有在一个法治和道德规范的社会环境中，人们才能够更好地发挥自己的作用，为社会的和谐与进步贡献力量。

四、培养国际化人才

法治教育与德育在培养具有国际视野和全球胸怀的人才方面发挥着重要作用。通过加强对国际法律、国际道德准则以及跨文化交流的教育，可以培养具备国际合作精神和跨文化沟通能力的人才，从而促进全球合作与发展。法治教育与德育在法治社会中的作用不仅在于培养公民的法治观念和法律意识，更在于引导人们树立正确的人生观和价值观。法治教育通过教育教学，使人们深入了解法律的重要性、基本原则和规定，形成尊重和遵守法律的意识。德育则通过培养道德情操、弘扬社会公德，引导人们树立诚信、友爱等道德价值观念。在法治社会中，法治教育与德育相辅相成，共同构建起法律规范与道德规范相一致的社会秩序，为人们的全面发展和社会的健康发展提供了重要保障。法治教育与德育在培养具有国际视野和全球胸怀的人才方面具有重要意义。具有国际视野和全球胸怀的人才需要具备国际法律、国际道德准则以及跨文化交流的知识和能力。法治教育应该加强对国际法律的教育，使学生了解国际法律体系和国际法律规则，培养他们的国际法律意识和跨国法律素养。德育应该加强对国际道德准则的教育，引导学生尊重和遵守国际道德规范，培养他们的跨文化沟通能力和国际合作精神。通过法治教育与德育的结合，可以培养具有国际视野和全球胸怀的人才，促进全球合作与发展。加强法治教育与德育对培养具有国际视野和全球胸怀的人才具有重要的实施策略。一方面，学校应该优化法治教育和德育的课程设置，加强对国际法律、国际道德准则以及跨文化交流的教育内容。另一方面，学校可以组织学生参与国际交流与合作项目，开展国际法律实践和国际道德活动，培养学生的国际合作精神和跨文化沟通能力。此外，学校还可以建立国际交流与合作平台，与国外高校和机构开展合作交流，促进师生之间的跨文化交流和互动，拓展学生的国际视野和全球胸怀。

第二节　法治教育与德育的职业道德培养

一、强调法律和职业道德遵守

（一）遵守法律规定

法治教育与德育在现代社会的职业道德培养中扮演着至关重要的角色。法治教育教导人们尊重和遵守法律规定，将法律作为行为准则的基础。而德育则强调诚信、正直等道德品质，这些品质也是遵守法律的基础。在职业道德培养中，法治教育与德育相辅相成，共同促进了个体和社会的良好发展。法治教育为职业道德提供了坚实的法律基础。在一个以法治为基础的社会中，人们必须遵守法律规定，否则将面临相应的法律责任和制裁。职业道德的培养需要从尊重法律、遵守法律开始。通过法治教育，人们可以了解法律的重要性，明白违法行为的后果，从而自觉地遵守法律，做一个守法的公民和职业人士。德育在职业道德培养中起着至关重要的作用。诚信、正直、责任感等道德品质是一个人品格的体现，也是一个人在职业生涯中不可或缺的品质。在竞争激烈、利益诱惑的职场环境中，保持良好的职业道德尤为重要。德育可以培养人们的道德情操，提高他们的自律能力，使他们能够在职业中坚守诚信、秉持正直，不为私利所诱，不做违背良心的事情。在职业领域中，法治教育与德育密不可分。只有在法治的框架下，德育才能有效地实施和发挥作用。法治为德育提供了约束和保障，使得人们在道德选择上有一个明确的准则和方向。同时，德育为法治提供了内在的支撑和动力，使法律不是一纸空文，而是可以在社会生活中得到贯彻执行。

在职业道德培养中，法治教育与德育应该相互融合、相互促进。法治教育应该注重在普及法律知识的同时，强调法律的公正性和权威性，让人们真正意识到遵守法律的重要性。而德育则应该注重培养人们的道德情操和职业操守，引导他们树立正确的职业道德观念，将道德品质内化为自己的行为准则。除了在教育体系中进行法治教育与德育培养外，职业道德的塑造还需要从职业实践中不断积累和提升。在工作中，人们会面临各种各样的职业伦理困境和道德抉择。只有通过实际工作的历练，才能真正锤炼出坚定的职业操守和高尚的道德品质。因此，职业道德培养既需要教育的引导，也需要实践的检验，二者相辅相成，共同推动个体和社会的进步。法治教育与德育在现代社会的职业道德培养中起着不可替代的作用。法治教育为职业道德提供了坚实的法律基础，德育则强调诚信、正直等道德品质，使人们在职业生涯中能够树立正确的道德观念，坚守职业操守。只有法治与德育相结合，才能真正实现职业道德的培养目标，推动社会的和谐发展。

（二）培养责任感和诚信

德育的核心目标之一是培养个体的责任感和诚信，这些品质不仅在个人生活中至关重要，而且在职业领域中更是不可或缺的。责任感使个体意识到自己的行为对他人和社会的影响，而诚信则是保持良好职业操守的基石。将法治教育与德育相结合，是有效培养职业道德的关键之一。德育注重培养个体的责任感。责任感是一种自我约束和自我管理的能力，它使个体意识到自己的行为对他人和社会的影响，并对自己的行为负责。在职业领域中，责任感意味着对工作任务和职责的认真执行，以及对所从事行业和社会的责任担当。一个有责任感的个体会尽心尽责地完成自己的工作，不会因为个人私利而偏离职业准则，始终保持对工作和社会的责任心。德育强调诚信的重要性。诚信是一种道德品质，意味着个体言行一致、言出必行，具有真实、可信赖的品质。在职业领域中，诚信是建立信任关系的基础，也是维护职业操守的关键。一个诚信的个体会遵守承诺，不会虚假宣传或欺骗客户，始终坚守诚信原则，维护职业的声誉和信誉。

将德育与法治教育相结合，可以更有效地培养个体的职业道德。法治教育为德育提供了制度保障和行为规范，使责任感和诚信不仅是道德准则，也是法律规定。在法治的框架下，个体必须遵守法律规定，承担相应的法律责任，这就要求他们具备一定的责任感和诚信，遵守法律、遵守职业准则。德育也为法治教育提供了内在的支撑和动力。只有个体内化了责任感和诚信等道德品质，才能真正理解和尊重法律，自觉遵守法律规定。一个有责任感和诚信的个体不会试图规避法律，也不会试图利用法律的漏洞谋取个人利益，而是会自觉遵守法律，积极履行自己的社会责任。在职业道德培养中，德育注重培养个体的责任感和诚信，这些品质是职业道德的基础，能够帮助个体保持良好的职业操守。通过法治教育和德育的结合，个体不仅能够明确法律规定和道德准则，也能够内化这些准则，将其作为自己行为的基本原则。这样的个体不仅能够在职业生涯中取得成功，也能够为社会的和谐稳定做出积极的贡献。因此，法治教育与德育的结合是有效培养职业道德的关键，也是推动社会进步的重要途径。

（三）强化职业操守和规范

法治教育和德育的结合在职业道德培养中起着至关重要的作用。它们共同强化了个体的职业操守和规范，为个体在职业生涯中树立正确的态度和行为准则提供了坚实的基础。法治教育着重教导人们遵守职业规则和法律法规，而德育则注重培养公民的道德素质和职业道德。二者的结合，使个体能够更好地适应职业环境，维护职业操守，促进个体和社会的共同发展。法治教育教导个体遵守职业规则和法律法规。在现代社会中，职业规则和法律法规是保障职业秩序和社会稳定的重要保障。法治教育通过普及法律知识，强调法律的权威性和约束力，使个体明白违法行为所带来的后果，从而自觉地遵守职业规则和法律法规。在职业道德培养中，法治教育为个体树立了明确的行为准则，规范了他们的职业行为，使其在职业生涯中不偏离道德和法律的轨道。在一个高度竞争和利益诱惑的职业环境中，道德素质和职业道德显得尤为重要。德育通过培养公民的道德情操和职业操守，引导个体树立正确的职业态度和价值取向。诚信、责任感、正直等道德品质被视为职业道德的基础，德育致力于培养个体具备这些品质，使其在职业生涯中能够忠诚、诚实地履行职责，不贪图私利，不做违背道德准则的事情。在职业道德培养中，法治教育和德育相辅相成，相互促进。法治教育为德育提供了制度保障和行为规范，使个体明确了职业行为的底线和界限，避免了违法违规行为的发生。同时，德育为法治教育提供了内在的支撑和动力，使个体不仅是出于法律的约束，更是出于内心的道德选择，自觉地遵守职业规范和法律法规。在实践中，法治教育与德育的结合需要通过多种方式来实现。教育机构可以通过开设法律课程和德育课程，普及法律知识和道德理念，引导学生树立正确的职业态度和行为准则。同时，社会各界也可以通过举办职业道德教育活动和开展职业操守评价，推动法治教育与德育的深度融合，促进个体和社会的共同进步。法治教育和德育的结合在职业道德培养中具有重要意义。它们共同强化了个体的职业操守和规范，为个体在职业生涯中树立正确的态度和行为准则提供了坚实的基础。通过法治教育和德育的结合，个体不仅能够适应职业环境，维护职业操守，也能够促进个体和社会的共同发展，推动社会的和谐稳定。

二、培养决策和行为的合法性与道德性

（一）合法性的培养

法治教育是现代社会职业道德培养的重要组成部分，它强调了法律的普遍性和权威性，在教导个体遵守法律规定的同时，也确保了行为的合法性。而德育则注重培养公民的道德素质和职业道德，帮助个体树立正确的职业态度和行为准则。这两者共同强化了个体的职业操守和规范，为建设一个法治社会提供了重要保障。法治教育通过强调法律的普遍性和权威性，教导个体遵守法律规定。法律是社会秩序的基石，它具有普遍适用的特点，对每个人都具有约束力。法治教育通过向个体传授法律知识，使他们了解法律的内容、原则和适用范围，明确自己在职业行为中的法律责任和义务。通过案例分析等教学方法，法治教育使学生深入理解法律对于职业行为的规范和约束，培养他们遵守法律的意识和能力。在现代社会，职业道德不仅仅是遵守法律，更要求个体具备高尚的道德品质和良好的职业操守。德育通过道德教育课程、校园文化

建设等方式，培养学生的道德情操，引导他们树立正确的人生观、价值观和职业观。特别是在职业道德方面，德育注重培养学生的责任感、诚信度、团队合作精神等，使他们在工作中能够自觉遵守职业准则，秉持诚实守信的原则，树立起良好的职业形象。法治教育与德育共同强化了个体的职业操守和规范。法治教育确保了个体的行为合法性，使其在职业决策中考虑到法律的要求，避免了违法行为的发生；而德育则从道德层面上塑造个体的职业道德，使其不仅遵守法律，更具备高尚的道德品质，保持良好的职业操守。这两者相互结合，为个体的全面发展和社会的和谐稳定提供了坚实基础。在实际教育实践中，法治教育与德育应该相互融合、相互促进。教师既要注重向学生传授法律知识，引导他们遵守法律规定，也要注重培养学生的道德情操，引导他们树立正确的职业道德观念。只有法治教育与德育相结合，才能真正实现职业道德的全面培养，推动个体和社会的进步。

（二）道德性的培养

1. 道德品质的培养

德育在职业道德培养中扮演着至关重要的角色，它注重培养个体的道德品质和社会责任感，引导个体在职业生涯中考虑到道德准则和社会利益。通过德育课程和实践活动，学生被引导培养诚信、责任感、正直等道德素养，使其在职业决策中能够考虑到道德的重要性。这种德育与法治教育相辅相成，共同促进了个体和社会的良好发展。德育注重培养个体的道德品质。道德品质是个体品格的体现，它反映了个体对于善恶、对错的判断和选择能力。在职业生涯中，道德品质是保持职业操守的基础，也是建立信任关系的前提。德育通过课堂教学和校园文化建设，培养学生的诚信、正直、守信等道德品质，引导他们树立正确的人生观、价值观和职业观，使其在职业生涯中能够做出符合道德规范的选择和行为。

2. 社会责任感的培养

社会责任感是个体对于社会和他人的关怀和责任担当，是一种社会意识和社会责任感的体现。在职业生涯中，个体需要意识到自己的行为对于他人和社会的影响，承担起相应的社会责任。德育通过开展志愿活动、社会实践等形式，培养学生的社会责任感，使他们能够关心他人、关心社会，积极参与到社会公益事业中去，为社会的发展和进步贡献自己的力量。法治教育与德育在职业道德培养中相辅相成，共同强化了个体的职业操守和规范。法治教育强调法律的普遍性和权威性，教导个体遵守法律规定，确保行为的合法性；而德育注重培养个体的道德品质和社会责任感，引导个体在职业生涯中考虑到道德准则和社会利益。这两者共同为个体的职业道德培养提供了坚实基础。

（三）合法性与道德性的结合

学生在接受法治教育和德育的过程中，应该学会将法律要求与道德标准相结合，使自己的决策和行为既合乎法律规定，又符合道德准则。他们应该学会在职业生涯中平衡法律的规范和道德的考量，做出积极负责、合法合规、具有道德良知的决策和行为。法治教育教导学生尊重和遵守法律规定。法律是社会规范的集中体现，具有普遍适用性和强制性。法治教育通过传授法律知识、案例分析等方式，使学生了解法律对于社会生活和职业行为的重要性，明确自己在法律框架下的权利和义务。学生应该学会尊重法律，遵守法律规定，在职业决策和行为中牢记法律的约束和要求。道德是社会生活的基本准则，它要求个体在行为中考虑到他人和社会的利益，遵循公正、诚信、尊重等道德原则。德育通过道德教育课程、实践活动等形式，培养学生的道德情操，引导他们树立正确的价值观和职业观，使其在职业决策和行为中具备良好的道德判断和选择能力。在接受法治教育和德育的过程中，学生应该学会将法律要求与道德标准相结合。他们应该认识到，法律是社会生活的基本规范，是确保社会秩序和公平正义的重要手段；而道德则是个体行为的内在准则，是保持社会稳定和谐的基础。在职业决策和行为中，学生应该综合考虑法律的规范和道德的考量，做出符合法律要求、符合道德准则的决策和行为。学生应该学会遵守法律规定，不违反法律的底线，确保自己的行为合法合规；同时，他们也应该注重培养诚信、责任感、正直等道德品质，使自己在职业生涯中不仅是一个守法的公民，更是一个具有道德良知和社会责任感的职业人士。他们应该学会在面对职业伦理困境时，坚守道德原则，勇于承担责任，不为私利所诱，不做违背良心的事情。在实际的职业生涯中，学生应该不断地加强法治教育与德育的结合，将法律要求与道德标准贯穿于自己的职业生活中。他们应该积极参与职业培训和职业伦理教育，不断提升自己的法律意识和道德素养，使自己成为一个具有法治观念和道德情操的职业人士。只有这样，才能真正实现职业道德的全面培养，为社会的和谐稳定做出积极贡献。

三、倡导职业自律和职业规范

（一）职业自律的培养

1. 法律的约束和规范

法治教育与德育在职业道德培养中扮演着不可或缺的角色。法治教育强调法律的约束和规范，教导个体遵守法律法规，在职业行为中保持自律。德育则注重培养个体的自我管理和自我约束能力，引导其自觉遵守职业道德准则，不做违背道德的事情。这两者共同促进了个体的职业道德素养的提升。法治教育强调法律的约束和规范。法律是社会秩序的基石，是保障公民权利和社会公平正义的重要法律工具。法治教育通过普及法律知识、强调法律的权威性和普遍适用性，教导个体遵守法律法规，在职业行为中保持自律。学生通过学习法律知识和案例分析，了解法律对于职业行为的规范和约束，明白自己在职业生涯中的法律责任和义务。法治教育使个体认识到，只有遵守法律规定，才能维护自己的合法权益，保障社会的稳定和秩序。

2. 自我管理和自我约束

在职业生涯中，个体需要具备良好的自我管理和自我约束能力，保持职业操守，不受诱惑，不做违背良心和道德的事情。德育通过道德教育课程、校园文化建设等方式，培养学生的自律意识和自我约束能力，引导他们树立正确的职业态度和行为准则。学生应该学会自觉遵守职业道德准则，树立起良好的职业操守和自律意识，不因个人私利而做出违法或违反道德的行为，维护职业的声誉和信誉。在职业道德培养中，法治教育与德育相互促进、相辅相成。法治教育为德育提供了制度保障和行为规范，使个体在职业行为中能够清晰明确地遵循法律的规定；而德育则为法治教育提供了内在的支撑和动力，使个体在法治框架下能够自觉遵守职业道德准则，保持自律。法治教育与德育相结合，共同推动个体的职业道德素养的提升，促进社会的和谐稳定和可持续发展。在实际的职业生涯中，个体应该不断加强法治教育与德育的结合，将法律规定与道德准则贯穿于自己的职业行为中。他们应该始终牢记法律的约束和规范，保持自律，不做违法行为；同时也要注重培养自己的道德品质和职业操守，树立正确的职业观念和行为准则，做到积极负责、合法合规、具有道德良知的决策和行为。只有这样，才能真正实现职业道德的全面培养，为社会的和谐稳定做出积极贡献。

（二）尊重职业规范

1. 尊重职业道德

法治教育与德育在塑造个体职业道德方面发挥着关键作用。法治教育教导个体尊重职业规范和职业道德准则，遵循行业的规范行为标准，而德育则强调尊重社会价值观念和职业操守，引导个体在职业行为中遵循公共利益和社会责任的原则。这两者共同培养了个体在职业领域中的良好品德和道德观念，为建设一个道德、法治的职业社会提供了坚实基础。法治教育教导个体尊重职业规范和职业道德准则。职业规范是某一职业领域内广泛认可的行为准则和行业标准，它规定了个体在职业生涯中应该遵循的行为规范和职业道德。法治教育通过普及相关法律法规、案例分析等方式，使个体了解职业规范的重要性和约束力，明确自己在职业行为中的规范行为标准。学生应该学会尊重职业规范，遵循行业的行为准则，保持职业操守，不做违反职业规范和职业道德的事情。

2. 尊重职业操守

德育强调尊重社会价值观念和职业操守。社会价值观念是一种社会共识，反映了社会成员对于美好生活和社会发展的共同追求和理想追求；而职业操守则是个体在职业生涯中应该遵循的道德准则和行为规范，包括诚信、责任感、正直等。德育通过道德教育课程、实践活动等方式，培养学生尊重社会价值观念，树立正确的职业操守，引导他们在职业行为中遵循公共利益和社会责任的原则。学生应该学会在职业决策和行为中考虑到社会的利益和责任，不做损害社会利益和公共利益的事情，树立起良好的职业操守和社会责任感。在职业道德培养中，法治教育与德育相辅相成，共同促进了个体职业道德素养的提升。法治教育为德育提供了法律规范和行为准则，使个体在职业行为中能够清晰明确地遵循行业规范和职业道德准则；而德育则为法治教育提供了道德支撑和社会责任感，使个体在法治框架下能够自觉尊重社会价值观念和职业操守，遵循公共利益和社会责任的原则。这两者相辅相成，共同为个体的职业道德培养打下了坚实基础。在实际的职业生涯中，个体应该不断加强法治教育与德育的结合，将职业规范和社会责任感贯穿于自己的职业行为中。他们应该始终尊重职业规范和社会价值观念，遵循职业操守，保持正直、诚信，不做违背道德和法律的事情，树立起良好的职业形象和社会责任感。

（三）良好职业行为的养成

法治教育和德育共同促进个体养成良好的职业行为习惯和态度，是现代社会职业道德培养的重要组成部分。通过教育和引导，学生应该养成诚信、责任感、正直等良好的职业品质，保持良好的职业行为和职业操守。法治教育注重法律的普遍适用性和权威性，教导个体遵守法律法规，在职业行为中保持自律；而德育则强调培养个体的道德品质和社会责任感，引导他们在职业生涯中遵循公共利益和道德准则。这两者相互促进，共同塑造了个体的良好职业行为习惯和态度。法律是社会秩序的基石，是保障公民权利和社会公平正义的重要法律工具。法治教育通过普及法律知识、案例分析等方式，使个体了解法律对于职业行为的规范和约束，明确自己在职业生涯中的法律责任和义务。学生应该学会尊重法律，遵守法律规定，在职业行为中保持自律，不做违反法律规定的事情。

道德是社会生活的基本准则，它要求个体在行为中考虑到他人和社会的利益，遵循公正、诚信、尊重等道德原则。德育通过道德教育课程、实践活动等方式，培养学生的道德情操，引导他们树立正确的职业态度和行为准则。学生应该学会保持诚信、承担责任、保持正直，不因私利而做出违背道德的行为，树立起良好的职业操守和社会责任感。法治教育和德育共同促进了个体养成良好的职业行为习惯和态度。法治教育使个体清晰明确地了解法律对于职业行为的规范和约束，引导他们在职业生涯中遵守法律法规，保持自律；而德育则培养了个体的道德品质和社会责任感，使他们在职业行为中能够考虑到社会的利益和责任，保持诚信和正直。这两者相辅相成，共同促进了个体职业行为习惯和态度的形成。在实际的职业生涯中，个体应该不断加强法治教育与德育的结合，将法律规定与道德准则贯穿于自己的职业行为中。他们应该始终遵守法律法规，保持良好的职业操守和道德品质，做到积极负责、合法合规、具有社会责任感。

（四）培养职业态度和职业精神

法治教育和德育的共同作用在于塑造个体的职业行为习惯和态度，这对于建设一个道德、法治的职业社会至关重要。通过教育和引导，学生应该养成诚信、责任感、正直等良好的职业品质，保持良好的职业行为和职业操守。法治教育注重强调法律的普遍适用和权威性，教导个体尊重职业规范和法律法规，在职业行为中保持自律；而德育则着眼于培养个体的道德品质和社会责任感，引导他们树立正确的职业态度和价值观，做出符合道德规范的职业选择和行为。法治教育通过普及法律知识、强调法律的权威性和约束力，使个体了解法律对于职业行为的规范和约束。学生在接受法治教育的过程中，应该学会尊重法律，遵守法律法规，在职业行为中保持自律。他们应该明白只有遵守法律，才能保障自己的权益，保持职业的合法性和合规性。

第三节　法治教育与德育的教育改革与立法支持

一、法治教育与德育的教育改革

（一）课程设置与教学内容

针对法治教育与德育课程的更新与改革，需要强调更贴近实际、生动有趣的内容，并加强多元文化、国际视野等方面的教学内容，以培养学生的跨文化意识和全球公民素养。这样的教育改革可以为学生提供更加丰富的知识和经验，使其在日后的学习和生活中能够更好地适应多元化的社会环境，积极参与国际交流与合作。针对法治教育课程的更新，可以通过创设生动有趣的教学场景，引导学生深入理解法律知识与法治理念。例如，组织模拟法庭审判、法律角色扮演等活动，让学生身临其境地体验法律适用和道德决策的情境，从而深入理解法律原则和道德价值。此外，引入案例分析、游戏化学习等教学方法，使学生在轻松愉快的氛围中掌握法律知识，提高学习的积极性和主动性。德育课程的更新需要更加注重培养学生的公民道德和社会责任意识。除了传统的道德教育内容外，可以加入更多与社会实践相关的活动，如社区服务、志愿者活动等，让学生亲身参与到社会公益事业中去，培养其积极向上的社会责任感和公民意识。同时，通过讨论案例、角色扮演等方式，引导学生思考道德难题，锻炼其道德判断和决策能力，提高其道德素养和社会适应能力。为了加强多元文化、国际视野方面的教学内容，可以引入跨学科教学方法，将法治教育与德育和其他学科相结合，如历史、地理、政治等，通过多角度、多维度的探索，拓展学生的视野和认知，培养其跨文化意识和全球公民素养。同时，组织国际交流与合作项目，鼓励学生参与国际性竞赛、研讨会等活动，增强其国际交流与合作能力，提升其全球化竞争力。

（二）评价体系与考试制度

一方面，教育改革的关键之一是改革评价体系，使其更加注重综合评价，包括学生的思想道德品质、社会实践能力等方面，不仅注重知识的掌握，更注重能力和素养的培养。另一方面，也需要调整考试制度，逐步减少应试教育倾向，注重学生的全面发展，鼓励学生积极参与社会实践和公益活动。改革评价体系是教育改革的重要一环。在评价体系中，需要引入多元化的评价方法和指标，对学生进行综合评价，包括知识水平、思想道德品质、社会实践能力等方面的考核。除了传统的笔试考试外，还可以采用口头答辩、实际操作、课堂表现、社会实践报告等多种方式进行评价，更全面地了解学生的学习情况和成长变化。评价体系中应该充分考虑学生的个性差异和发展需求，注重培养学生的创新意识、团队合作精神、批判性思维等综合素养，为其未来的发展打下良好基础。调整考试制度是推动教育改革的重要举措。应逐步减少对传统应试教育的依赖，转向更加注重学生全面发展的评价方式。除了减少高压应试的考试安排，还可以通过改变试题类型、增加开放性题目、强调解决问题的能力等方式，促进学生的深层次思考和创新能力的培养。同时，鼓励学生积极参与社会实践和公益活动，将社会实践成果纳入评价体系，以此激发学生的学习动力和发展潜力。教育改革的关键在于落实到具体的教学实践中。为此，需要加强教师的培训与引导，提升其教学能力和教育理念，使其能够更好地贯彻落实新的评价体系和考试制度。同时，需要加强学校与社会资源的对接，积极开展校企合作、校地合作、校社合作等形式，为学生提供更丰富的实践机会和资源支持，促进其全面发展和个性成长。

二、法治教育与德育的立法支持

（一）法律法规与政策制定

1. 法律法规

在推动法治教育与德育的改革和发展过程中，制定相关法律法规是至关重要的，这样可以明确法治教育与德育在教育体系中的地位和作用，为其提供法律保障，同时政府部门也可以通过颁布相关政策文件来指导和推动学校和教育机构加强法治教育与德育的实施。针对法治教育与德育的立法支持，政府可以通过制定相关法律法规来明确其重要性和必要性。这些法律法规可以包括教育法、学校法、德育法等，规定学校和教育机构应当开展法治教育与德育的责任和义务。法律法规可以明确法治教育与德育的基本原则、目标和内容设置，为学校和教育机构提供法律依据和指导，确保其开展法治教育与德育工作的有效性和规范性。政府部门可以通过颁布相关政策文件来指导和推动法治教育与德育的实施。这些政策文件可以包括教育部门的指导意见、实施细则、工作方案等，明确政府对于法治教育与德育的政策导向和支持措施。政府可以通过制定相应的政策，提供财政资金支持、专家技术指导、优秀案例分享等方式，鼓励和促进学校和教育机构加强法治教育与德育工作。政府还可以建立法治教育与德育的评估体系，对学校和教育机构的工作进行监督和评估，及时发现问题并提出整改建议。

2. 政策制定

政府可以通过立法和政策制定，加强对法治教育与德育相关课程的设立和实施。政府可以规定学校在课程设置中必须包含法治教育与德育相关内容，明确其课程目标、教学内容、教学方法和评价标准。政府还可以制定相关政策，鼓励学校和教育机构开展法治教育与德育的创新实践，推动教育资源的优化配置和教育质量的提升。在立法支持的基础上，政府还应当加强对法治教育与德育工作的监督和评估，确保其有效实施。政府可以建立相关的监督机制和评估体系，对学校和教育机构的法治教育与德育工作进行定期检查和评估，及时发现问题并提出整改意见。政府还可以通过组织专家学者和相关机构开展评估活动，对法治教育与德育的实施情况进行评估，为相关政策的调整和完善提供依据。通过制定相关法律法规和政策文件，政府可以为法治教育与德育在教育体系中的发展提供法律保障和政策支持。这将有助于促进法治教育与德育工作的深入开展，培养学生的法治意识、公民责任感和道德品质，为社会的法治建设和文明进步做出积极贡献。

（二）教育法规的修订与完善

1. 教育法规的修订

加强对法治教育与德育的规定和要求，明确教育机构的法律责任和义务，是推动法治教育与德育改革的必要举措。在教育法律法规中加入相关规定，可以有效规范法治教育与德育的具体实施步骤和措施，为教育机构提供明确的法律依据和指导，进而促进法治教育与德育工作的深入开展。在教育法律法规中明确规定法治教育与德育的重要性和必要性。教育法律法规应当明确规定，法治教育与德育是国家教育工作的重要组成部分，是培养学生的法治意识、公民责任感和道德品质的重要途径。教育法律法规可以对法治教育与德育的目标、内容、方法和评价进行明确规定，为教育机构提供法律依据和指导。在教育法律法规中规定教育机构的法律责任和义务。教育法律法规可以规定，教育机构应当开展法治教育与德育工作，制定相关教育教学计划和方案，确保法治教育与德育工作的有效开展。教育机构应当建立健全法治教育与德育管理制度，配备专业化的师资队伍，加强对师生的法治教育与德育培训，促进师生共同提升法治意识和道德素养。

2. 教育法规的完善

在教育法律法规中规范法治教育与德育改革的具体实施步骤和措施。教育法律法规可以规定，教育机构应当根据国家法律法规和教育部门的相关政策要求，制定并实施法治教育与德育改革方案，明确改革的目标、任务、时间表和责任分工。教育机构应当加强与相关部门的合作，充分利用社会资源，开展法治教育与德育活动，建立健全法治教育与德育评价体系，持续改进工作方法和手段，确保法治教育与德育改革的顺利实施。在教育法律法规中加强对法治教育与德育的监督和评估。教育法律法规可以规定，教育主管部门应当加强对法治教育与德育工作的监督和指导，组织开展相关的评估和检查工作，及时发现问题并提出整改建议。教育机构应当建立健全法治教育与德育工作的监督机制，加强对法治教育与德育工作的评估和反馈，不断提高工作质量和水平。通过加强对法治教育与德育的规定和要求，明确教育机构的法律责任和义务，规范法治教育与德育改革的具体实施步骤和措施，可以为教育机构提供明确的法律依据和指导，推动法治教育与德育工作的深入开展，促进学生的法治意识、公民责任感和道德品质的全面提升。

第四节 法治教育与德育的实施

一、明确目标与制订计划

制定明确的法治教育与德育实施目标，建立长期规划和具体行动计划，是为了确保教育措施的有效性和针对性，促进法治教育与德育的顺利推进。这些计划应该考虑到不同年龄段学生的特点和需求，以便更好地满足他们的教育需求，推动法治教育与德育的全面发展。需要制定明确的法治教育与德育实施目标。这些目标应该具体明确，有针对性地指导法治教育与德育的实施工作。例如，可以明确法治教育与德育的核心内容，包括培养学生的法治意识、公民责任感和道德品质等方面的能力。同时，还可以设定具体的教育目标，如提高学生的法律素养水平、培养学生的团队合作精神等。需要建立长期规划和具体行动计划。长期规划应该考虑到法治教育与德育的发展趋势和需求，制定长远的发展目标和发展方向。具体行动计划则应该根据长期规划，明确具体的实施步骤和时间表，确保教育措施的顺利实施。例如，可以制订每年的教育工作计划，明确每个阶段的重点工作内容和任务分工，以及相应的实施措施和责任部门。

在制订长期规划和具体行动计划时，需要考虑到不同年龄段学生的特点和需求。针对幼儿园、小学、初中和高中等不同年龄段学生，需要设计不同的法治教育与德育课程和活动。例如，针对幼儿园和小学阶段的学生，可以采用寓教于乐的方式，开展形式多样的德育活动，培养其基本的道德品质和社会责任感；而针对初中和高中阶段的学生，可以更加注重法治教育和公民责任感的培养，开设相关的法治教育课程和实践活动，引导学生树立正确的法治观念和道德观念。需要加强对法治教育与德育实施过程的监督和评估。监督和评估可以帮助教师及时发现问题并加以解决，提高教育工作的效果和质量。政府部门可以建立相关的监督机制和评估体系，定期对法治教育与德育的实施情况进行评估和检查，发现问题及时纠正并提出改进建议。制定明确的法治教育与德育实施目标，建立长期规划和具体行动计划，考虑到不同年龄段学生的特点和需求，将有助于推动法治教育与德育工作的全面发展，促进学生的全面素质提升。

二、社会参与与资源整合

（一）设立专项基金

1. 财政支持

政府设立专项基金资助法治教育与德育改革相关的项目和活动，是促进法治教育与德育实施的重要举措之一。这些基金的设立将为法治教育与德育的发展提供财政支持，促进相关项目和活动的顺利开展，推动法治教育与德育工作的深入实施。政府设立的专项基金可以用于支持学校开展法治教育与德育课程。通过资助学校开展法治教育与德育课程，可以确保这些课程的开展和质量。资金可以用于购买教材、设备和其他教学资源，为学生提供更加丰富和有效的教育资源，帮助他们更好地理解和学习法治教育与德育的知识和理念。政府设立的专项基金可以用于培训教师。教师是法治教育与德育实施的关键力量，他们的专业水平和素养直接影响到法治教育与德育工作的质量和效果。因此，政府可以通过资助教师参加培训课程、研讨会和研修活动，提升他们的法治教育与德育水平和能力，增强他们的教学信心和技能。

2. 举办研讨会

政府设立的专项基金还可以用于举办研讨会和讲座。研讨会和讲座是教育交流和学习的重要平台，通过邀请专家学者和行业领导人举办讲座和分享，可以促进法治教育与德育的理论研究和实践探索，推动相关工作的不断创新和发展。政府可以通过资助研讨会和讲座的组织和举办，为学校和教育机构提供学习和交流的机会，提高他们的法治教育与德育水平和水平。除此之外，政府还可以通过设立专项基金来支持其他与法治教育与德育改革相关的项目和活动。例如，资助开展科研项目、制作宣传材料、开展社会实践活动等，以促进法治教育与德育的全面发展。政府设立专项基金资助法治教育与德育改革相关的项目和活动，将为法治教育与德育的实施提供重要支持。这些基金的设立将为相关工作提供财政保障，推动法治教育与德育工作的深入开展，促进学生法治意识、公民责任感和道德品质的全面提升。

（二）征集社会资源

政府通过公开招标或征集，邀请社会各界提供与法治教育与德育改革相关的资源和专业指导，是一种有效的手段，可以充分调动社会资源，为法治教育与德育改革提供更多的支持和帮助。这种做法不仅可以丰富法治教育与德育的内容和形式，还可以提高工作的效率和质量，促进法治教育与德育工作的深入开展。政府可以通过公开招标或征集，邀请法律机构提供专业指导和支持。法律机构在法律领域拥有丰富的资源和经验，可以为法治教育与德育改革提供法律咨询、法律培训等方面的支持。政府可以委托法律机构开展相关调研和评估工作，为法治教育与德育改革提供专业意见和建议。政府可以邀请非营利组织参与法治教育与德育改革。非营利组织在公益事业和社会服务领域有着丰富的经验和资源，可以为法治教育与德育改革提供组织协调、项目管理等方面的支持。政府可以与非营利组织合作，共同开展相关项目和活动，充分发挥其在社会服务方面的优势和作用。

政府可以邀请专业培训机构参与法治教育与德育改革。专业培训机构在教育培训领域有着丰富的经验和资源，可以为教师和学生提供针对性的培训和指导。政府可以与专业培训机构合作，开展相关培训项目和课程，提升教师和学生的法治教育与德育水平。政府还可以邀请其他相关机构和个人参与法治教育与德育改革。这包括研究机构、行业协会、专业人士等。政府可以通过公开招标或征集的方式，邀请这些机构和个人提供相关资源和专业指导，共同推动法治教育与德育改革的实施。通过邀请社会各界参与，政府可以充分利用社会资源，为法治教育与德育改革提供更多的支持和帮助。这将有助于丰富法治教育与德育的内容和形式，提高工作的效率和质量，推动法治教育与德育工作的全面发展。

将法院、检察院等司法资源引入法治教育与德育的实施中，可以有效地增强学生对法律和社会正义的认识，提升其法治意识和德育水平。推动法院、检察院与学校之间建立长期合作关系，共享法治教育资源，如法律文献、案例资料、教学课件等，丰富法治教育内容。利用司法机关的专业资源，为学生提供法律咨询和法律援助服务，解答学生的法律疑问，增强法治意识。将司法资源纳入德育活动中，组织学生开展法治主题的社会实践和志愿服务活动，如法律义务宣传、公益法律援助等。鼓励学生参与法院、检察院的实践活动，如实习、见习等，亲身体验司法工作的实际情况，了解司法职业的要求和责任。通过社会实践活动，帮助学生将理论知识与实践经验相结合，提升法治意识和德育水平。

（三）建立合作机制

1. 学校与社区之间的合作

政府促进学校、社区、家庭以及各类社会组织之间的合作，共同推动法治教育与德育改革，是推动法治教育与德育实施的关键举措之一。通过建立定期沟通和协作机制，分享资源和经验，共同制定和实施相关项目，可以充分发挥各方的优势和作用，推动法治教育与德育工作的全面开展。政府可以促进学校与社区之间的合作。学校是法治教育与德育的主要场所，而社区则是学生生活和成长的重要环境。政府可以组织学校和社区的教育管理部门、教师、家长、社区工作人员等进行定期沟通和协作，共同制定和实施法治教育与德育项目。例如，可以组织学校和社区合作开展法治教育与德育主题活动、举办家庭教育讲座、开展社区志愿服务等，营造良好的教育环境和社区氛围。政府可以促进学校与家庭之间的合作。家庭是学生最早的教育场所，家庭教育对于培养学生的法治意识和道德品质起着至关重要的作用。政府可以通过组织家长会、家庭教育讲座等活动，加强学校与家庭之间的沟通和合作，共同关注学生的成长和发展。例如，可以开展家长培训活动，提高家长的法治意识和教育水平，增强他们的家庭教育能力，共同为学生的全面发展提供支持和帮助。

2. 学校与各类社会组织之间的合作

政府可以促进学校与各类社会组织之间的合作。社会组织在法治教育与德育工作中有着丰富的经验和资源，可以为学校提供专业指导和支持。政府可以通过建立合作机制，促进学校与社会组织之间的合作，共同开展法治教育与德育项目。例如，可以邀请社会组织开展法治教育课程、组织德育活动，为学校提供专业的法治教育与德育资源和服务。政府可以加强学校内部各部门之间的合作。学校内部的各部门应当密切配合，共同推动法治教育与德育工作的实施。政府可以通过组织校内各部门的协调会议、制定相关工作计划等方式，促进学校内部各部门之间的信息共享和资源整合，确保法治教育与德育工作的顺利推进。

3. 学校与司法机关、法律服务机构的合作

司法机关和法律服务机构在开展法律援助活动方面发挥着重要作用，为学生和家长提供法律咨询、法律援助等服务，解决实际法律问题，促进法治意识的提升。学校可以积极引导学生了解和利用法律援助资源，加强学生对法律服务的认识和信任，从而增强法治观念和法治能力。司法机关和法律服务机构提供的法律援助活动为学生和家长解决法律问题提供了重要支持，有助于促进法治意识的提升。通过提供法律咨询、法律援助等服务，可以让学生和家长更加深入地了解法律知识和法律程序，增强其法律意识和法治观念。同时，及时有效地解决法律问题，有助于维护法律权益，促进社会公平正义的实现，从而加强对法治制度的信任和支持。学校作为法治教育和德育的重要场所，应当积极引导学生了解和利用法律援助资源，加强他们对法律服务的认识和信任，从而增强其法治观念和法治能力。学校可以邀请司法机关和法律服务机构的工作人员到校开展法律知识宣讲和法律援助服务，组织学生参观法院、检察院等司法机构，让学生亲身感受法律的权威和公正。此外，学校还可以通过法治教育课程、法律知识竞赛、法治主题活动等形式，引导学生深入了解法律，增强其法治观念和法治能力。针对学生家长，学校也可以开展家长教育活动，加强他们对法律援助资源的了解和利用。通过家长会、家长讲座等形式，向家长介绍法律援助的相关信息和渠道，教育他们在面临法律问题时及时寻求帮助，维护自身合法权益。同时，还可以鼓励家长与学校共同合作，共同致力于学生的法治教育和德育培养，形成学校、家庭和社会共同育人的良好局面。

第九章 法治教育与德育的未来趋势与展望

第一节 法治教育与德育的未来发展方向

一、全面普及与不断深化

（一）全程贯穿式教育

全程贯穿式教育是一种全新的教育理念和实践方法，强调在教育过程中全方位、全面地培养学生的综合素质和能力，其中包括法治观念和道德品质的培养。从学前教育开始，就要注重培养学生的法治观念和道德品质，将法治教育与德育贯穿于整个教育过程中。从小培养学生的良好行为习惯和社会道德意识，逐步加深其对法治的理解和认识。学前教育阶段是培养学生基本法治观念和道德品质的关键时期。在学前教育中，可以通过游戏、故事、音乐等形式，向幼儿传递简单易懂的法治知识，引导他们养成遵纪守法、尊重他人、积极向上的行为习惯。同时，通过模仿、示范等方式，培养幼儿的社会情感和合作意识，促进他们与他人和谐相处，初步建立起良好的法治意识和道德观念。基础教育阶段是深入培养学生法治观念和道德品质的重要时期。在小学、初中和高中阶段，学校应当将法治教育与德育融入各个学科和课程中，通过语文、历史、政治、道德与法治等科目的教学，全面培养学生的法治思维和批判能力，提升他们的法律素养和社会责任感。同时，学校还可以开展法治教育主题活动、德育讲座、模拟法庭等实践活动，激发学生的学习兴趣，增强他们的法治意识和社会参与能力。高等教育阶段是深化培养学生法治观念和道德品质的关键时期。在大学和研究生阶段，学校应当进一步加强法治教育与德育的实施，培养学生的独立思考能力和创新意识，提升他们的法治素养和职业道德水平。除了课堂教学外，学校还应当鼓励学生参与社会实践、社团组织、志愿服务等活动，增强他们的社会责任感和公民意识，为其未来的职业发展和社会参与打下坚实的基础。

未来，法治教育与德育将更加注重个性化、多样化和深度化发展。随着科技的不断发展和社会的变革，法治教育与德育需要与时俱进，不断创新教育理念和方法，适应新时代的教育需求和挑战。未来的法治教育与德育将更加注重培养学生的创新精神和实践能力，激发他们的社会责任感和创造力，助力他们成长为全面发展的社会主义建设者和接班人。未来的法治教育与德育还将更加注重家校合作和社会参与。学校、家庭和社会是孩子成长过程中的三个重要环节，应当共同肩负起培养学生法治观念和道德品质的责任。未来，学校将加强与家长和社会各界的沟通和合作，共同推动法治教育与德育的深入实施，助力学生健康成长和社会稳定发展。全程贯穿式教育将法治教育与德育贯穿于整个教育过程中，从学前教育开始，注重培养学生的法治观念和道德品质。通过家校合作和社会参与，共同助力学生成长为德智体美劳全面发展的社会主义建设者和接班人。

（二）创新教育方法与手段

结合现代科技手段，开发适合不同年龄段学生的法治教育与德育教学方法和资源，是未来法治教育与德育发展的重要方向之一。利用互联网、虚拟现实、人工智能等技术，设计生动有趣的教育游戏、模拟案例等，可以有效地提升学生的学习兴趣和参与度，促进他们全面发展。结合互联网技术，可以开发在线法治教育与德育课程和资源平台，为学生提供便捷的学习途径。这些平台可以包括法律知识普及、道德品质培养、案例分析等内容，通过文字、图片、视频等多种形式，呈现生动有趣的教育内容，吸引学生的注意力。学生可以随时随地通过网络学习，提高了学习的便捷性和灵活性。利用虚拟现实技术，可以设计沉浸式的法治教育与德育体验，提供更加生动直观的学习环境。通过虚拟场景的呈现，学生可以身临其境地参与到不同法律案例和道德情境中，体验和思考其中的法治与道德问题，增强他们的学习体验和感知。这种沉浸式的学习方式可以激发学生的学习兴趣，提高他们的学习效果。借助人工智能技术，可以开发个性化的法治教育与德育学习辅助工具。通过人工智能算法分析学生的学习情况和特点，为其量身定制学习计划和教育资源，提供个性化的学习指导和反馈。同时，人工智能还可以模拟人类思维和行为，设计智能化的教学机器人或虚拟助教，与学生进行互动交流，解答疑惑，引导学习。

还可以开发各种类型的教育游戏和模拟案例，以轻松愉快的方式促进学生对法治与道德的理解和应用。通过游戏化的学习方式，学生可以在玩耍中学习，提高学习的趣味性和参与度。模拟案例则可以帮助学生在虚拟环境中体验和思考真实生活中的法律与道德问题，增强他们的实践能力和分析思维。在未来，随着科技的不断发展和普及，法治教育与德育将更加紧密地融合在现代科技之中，为学生提供更加丰富多样的学习体验和教育资源。这种基于科技的教学模式将成为法治教育与德育的重要手段，推动法治意识和道德品质的全面提升，培养更加全面发展的新时代公民。

(三) 终身学习与持续教育

1. 终身学习

强调法治教育与德育是终身学习的过程，是为了确保个体在不同阶段都能够持续提升法治意识和道德品质，适应社会发展的需要。在高等教育阶段，法治教育与德育的深化与拓展具有更为重要的意义，因为此时学生正处于成年人阶段，将要面临更多复杂的社会和职业挑战，需要更加深入的法治教育与德育指导。高等教育应该为学生提供更加深入、专业的法治教育课程。随着学生专业化的深入和拓展，他们需要更深入地了解与自己专业相关的法律法规，掌握专业领域内的法律知识和职业道德规范。高校可以开设专业法律课程、法律实务课程等，帮助学生掌握专业知识，提高法律素养，为将来的职业生涯做好准备。高等教育应该注重培养学生的批判性思维和社会责任感。在大学阶段，学生接触到的不仅是学术知识，还有更广泛的社会议题和价值观念。高校应该通过开设思想政治理论课、伦理道德课程等，引导学生思考社会现实中的法律和道德问题，培养他们的批判性思维能力和社会责任感，促使他们成为具有法治意识和社会担当的公民。

2. 持续教育

高等教育应该鼓励学生参与社会实践和志愿服务活动，促进法治教育与德育的实践应用。通过参与社会实践和志愿服务，学生可以亲身体验社会生活中的法治与道德问题，增强他们的实践能力和社会责任感。高校可以建立社会实践基地、开展志愿服务项目等，为学生提供参与机会和平台，培养他们的实践能力和社会担当意识。高等教育还应该加强对学生的心理健康教育和人文素养培养。心理健康教育可以帮助学生树立正确的人生观和价值观，增强他们的自我认知和情绪管理能力，为他们的健康成长提供保障。人文素养培养则可以拓展学生的人文视野，提高他们的人文修养和社会情操，培养他们的人文关怀和社会责任感。高等教育阶段的法治教育与德育应该是一个全方位、多层次、持续性的过程，需要从多个方面着手，为学生提供更为全面、深入的教育和培养。只有如此，才能够更好地促进学生的全面发展和社会进步，真正实现法治教育与德育的使命与目标。

二、强调人文关怀与情感教育

（一）设计情感教育课程

开设情感教育课程是法治教育与德育未来发展的重要方向之一。这一课程旨在重点培养学生的同理心、情感表达能力和情感管理技能，以促进他们的情感健康与社会情感素质的全面提升。情感教育不仅能够增强学生的情商，还能够培养他们的社会交往能力和道德品质，从而构建和谐、健康的人际关系和社会环境。情感教育课程将着重于培养学生的情感认知能力。通过课程内容的设计，学生将学习如何认识和理解自己的情感，包括情绪的种类、产生原因以及情感与行为之间的关系等。这有助于学生更加客观地认识自己的情感状态，增强自我意识和自我管理能力，进而更好地适应和应对不同的情感体验和情境。情感教育课程将注重培养学生的情感表达能力。通过课程的训练和实践，学生将学习如何有效地表达自己的情感，并学会倾听和理解他人的情感表达。这不仅有助于学生更好地表达自己的需求和情感，还能够促进与他人的沟通和交流，建立更加密切和健康的人际关系。

情感教育课程将强调培养学生的情感交流能力。学生将学习如何与他人建立良好的情感联系，包括积极的沟通、合作、支持和关怀等。通过与同学、老师和家人之间的情感交流，学生将建立起互相尊重、理解和信任的良好关系，从而更好地融入社会、参与集体活动和团队合作。情感教育课程还将注重培养学生的情感调节能力。学生将学习如何有效地管理和调节自己的情感，包括应对压力、解决冲突、处理挫折等方面的技能。这有助于学生更好地适应社会生活中的各种情感挑战和压力，保持心理健康，提高抗挫能力和应对能力。情感教育课程的开设是法治教育与德育未来发展的重要方向之一。通过培养学生的同理心、情感表达能力和情感管理技能，可以促进他们的情感健康和社会情感素质的全面提升，为其未来的个人发展和社会参与打下良好的基础。同时，情感教育课程也有助于构建和谐、包容的社会环境，促进社会和谐稳定的持续发展。

（二）开展人文关怀活动

组织各类人文关怀活动是未来法治教育与德育发展的重要方向之一。这些活动不仅可以丰富学生的课余生活，还能够通过文化艺术的方式启发学生的情感共鸣和人文情怀，培养他们对生活、自然和人类的尊重与关爱。文艺演出是一种有效的人文关怀活动。学校可以组织各种形式的文艺演出，如音乐会、话剧表演、舞蹈表演等，通过精彩的表演展现人文关怀的主题和情感内涵。这些演出不仅能够激发学生的审美情感，还能够引发他们对人文关怀的思考和感悟，增强他们的情感共鸣和人文情怀。读书分享活动也是一种有益的人文关怀活动。学校可以组织学生参加读书俱乐部或读书分享会，让学生分享自己的阅读体验和感悟，共同探讨人文关怀的主题和内涵。通过读书分享，学生可以了解不同文化背景下的人文关怀理念和实践经验，拓展自己的视野，提升人文素养。艺术创作活动也是促进人文关怀的重要途径之一。学校可以组织学生参与绘画、摄影、手工制作等艺术创作活动，鼓励他们通过艺术作品表达对生活、自然和人类的关怀和热爱。艺术创作不仅能够培养学生的审美情感和创造力，还能够启发他们的情感共鸣和人文情怀，促进他们对社会的深刻思考和积极行动。除此之外，还可以通过志愿服务活动、社会实践活动等形式，组织学生参与各种公益活动，促进他们的人文关怀意识和社会责任感。通过参与志愿服务活动，学生可以亲身体验人文关怀的实践过程，感受到帮助他人的快乐和意义，培养出更加关爱他人、关心社会的良好品质。组织各类人文关怀活动是未来法治教育与德育发展的重要方向之一。通过文化艺术的方式，激发学生的情感共鸣和人文情怀，培养他们对生活、自然和人类的尊重与关爱，从而促进学生的全面发展和社会进步。

三、国际视野与全球化教育

（一）引进国外先进教育理念和方法

引进国外先进的法治教育与德育理念、课程设计和教学方法是未来法治教育与德育发展的重要方向之一。借鉴国外经验可以丰富教育资源，提升教育质量，促进教育教学的创新与发展。这种国际化合作不仅可以帮助学校更好地应对全球化挑战，还能够为学生提供更广阔的学习机会，培养他们的国际视野和跨文化能力。不同国家的法治教育理念和实践经验各具特色，有些国家在法治教育方面取得了显著成就。通过引进这些先进的理念和设计，学校可以在课程设置、教学内容和教学方法上进行改革和创新，丰富法治教育的内涵和形式，提高教育质量和效果。德育在不同国家的教育实践中也有着丰富的经验和成果，通过引进这些先进的理念和方法，学校可以更好地培养学生的道德品质和社会责任感，提升学生的综合素质和竞争力。例如，一些国家在德育方面注重培养学生的领导能力、创新精神和团队合作能力，这些都是值得借鉴和学习的。

通过邀请国外专家来校交流讲学，可以为教师提供更多的专业培训和学术交流机会。专家们可以分享自己的研究成果和教学经验，为学校教育教学工作提供宝贵的指导和支持。这种国际交流不仅可以促进教育教学的创新与发展，还能够提升学校教师的教育水平和专业素养。开展国际合作项目也是一种有效的方式。学校可以与国外学校或教育机构建立合作关系，开展联合研究、学生交流、教师培训等项目。这种国际合作不仅可以促进双方资源的共享和互补，还能够拓展学生的学习空间，丰富他们的学习体验，提升其国际竞争力和文化素养。通过引进国外先进的法治教育与德育理念、课程设计和教学方法，可以丰富教育资源，提升教育质量，促进教育教学的创新与发展。这种国际化合作有助于学校更好地应对全球化挑战，为学生提供更广阔的学习机会，培养他们的国际视野和跨文化能力，推动教育事业的健康发展。

（二）开展国际交流与研修

鼓励教师和学生参与国际交流与研修活动是促进法治教育与德育未来发展的重要举措之一。这种国际化的交流与研修不仅可以拓宽教师和学生的国际视野，增强其国际交流能力和跨文化沟通能力，还可以促进教育教学的创新与发展，提升教育质量和效果。鼓励教师参与国际学术会议和访问学者项目。教师参与国际学术会议可以与国际同行交流学术成果和研究经验，了解国际前沿的教育理论和实践，拓展研究视野，提升学术水平。同时，参与访问学者项目可以到国外高校或研究机构进行学术交流和合作研究，结识国际知名学者，深化教学与研究合作，促进教育教学的创新与发展。鼓励学生参加海外交流学习和夏令营等活动。学生参加海外交流学习可以到国外院校或教育机构进行学术交流和文化体验，了解不同国家的教育制度、文化传统和社会风貌，提升国际视野和跨文化沟通能力。同时，参加夏令营等活动也可以拓展学生的视野，增强其社会实践能力和团队合作精神，培养学生的领导力和创新精神。学校还可以积极开展国际合作项目，组织教师和学生参与国际合作研究、学术交流、文化交流等活动。通过与国外院校或教育机构合作，共同开展教育教学项目、学术研究项目等，促进双方资源的共享和互补，提升教育质量和效果。这种国际合作不仅可以促进教师和学生的学习和成长，还可以促进教育教学方式的创新，推动教育事业的健康发展。

（三）推动国际课程开发与认证

1. 推动国际课程开发

推动国际课程的开发与认证，特别是引进国际化的法治教育与德育课程，是未来法治教育与德育发展的重要方向之一。随着全球化的加深和国际交流的增加，学生需要具备更为全面和国际化的教育，以提升其在国际舞台上的竞争力和适应能力。推动引进国际课程认证项目。例如，国际文凭课程（IB）和国际学校课程（IGCSE）等国际认证项目已经在全球范围内得到广泛应用和认可（图9-1、图9-2）。这些项目不仅注重学术知识的传授，还强调跨学科的综合能力培养和国际视野的培养。通过引进这些国际课程认证项目，学校可以为学生提供更为丰富和多样化的学习体验，培养其国际竞争力和全球视野。引进国际化的法治教育与德育课程。在国际化的背景下，法治教育与德育也需要与时俱进，注重培养学生的全球公民素养和国际化能力。这包括了解国际法律法规、尊重多元文化、培养跨文化沟通能力等方面。通过引进国际化的法治教育与德育课程，学校可以帮助学生更好地适应全球化的挑战，培养他们成为具有国际视野和全球胸怀的未来领导者。

图 9-1　国际文凭课程（IB）

	A-Level	IB Diploma
学 制	两年制	两年制
课程类型	英国高中课程	国际高中课程
整体课程难度	适中	难
单科课程难度	较难	适中
英语能力要求	较高	极高
社会实践	无	有
适合人群	15-18岁，初中毕业以上的在校中学生。	16-19岁，初中毕业以上的在校中学生。
考试时间	5-6月，10-11月	5月，11月
评估方式	A-Level的成绩分为A、B、C、D、E、U六个等级，A为最优，E为通过，U为不及格。	六科学科总分：6科×7分=42分，此外领见加奖励分：TOK和EE按照得分矩阵打分，共3分。IB满分：42+3=45分
留学方向	英国、美国、加拿大、爱尔兰、澳大利亚、新西兰、新加坡、南非等英语国家。	美国、英国、澳大利亚、加拿大等世界上100多个国家上千所大学。

图 9-2　国际学校课程（IGCSE）

2. 推动国际课程认证

加强与国际教育机构和组织的合作，共同开发和推广国际化的法治教育与德育课程。国际教育机构和组织通常拥有丰富的教育资源和国际化的教育理念，与其合作可以有效地借鉴其经验和成果，推动法治教育与德育的国际化进程。通过合作开发国际化课程，学校可以为学生提供更为优质和多元化的教育资源，提升教育质量和效果。建立国际课程认证体系和评估机制，确保国际化的法治教育与德育课程的质量和水平。国际课程认证体系应当包括课程设置、教学方法、教师培训、学生评估等方面的要求和标准，评估机制应当客观公正，以确保国际化课程的认证和推广具有权威性和可靠性。推动国际课程的开发与认证，特别是引进国际化的法治教育与德育课程，是未来法治教育与德育发展的重要方向之一。这将为学生提供更为全面和国际化的教育，提升其国际竞争力和适应能力，促进教育教学的创新与发展，推动教育事业的健康发展。

第二节　法治教育与德育的创新领域与机遇

一、法治教育与德育的创新领域

（一）科技与数字化教育

随着科技的不断发展，结合人工智能、虚拟现实、在线教育平台等技术手段，创新法治教育与德育的教学方法和内容，成为未来的一个重要发展方向。这些创新领域的应用可以极大地提升教育的效果和学生的学习体验，使法治教育与德育更加生动、实用、有趣。人工智能技术可以应用于个性化的教学辅助。通过分析学生的学习情况和特点，人工智能可以为每位学生量身定制学习计划和教学内容，帮助学生更加高效地学习法治知识和德育理念。同时，人工智能还可以在教学过程中提供实时的智能辅导和答疑服务，解决学生在学习中遇到的问题，促进学生学习进步。

虚拟现实技术可以为学生提供身临其境的学习体验。通过虚拟现实技术，学生可以沉浸在虚拟的法治教育与德育场景中，与虚拟角色互动，体验不同情境下的法律与道德决策过程，加深对法治教育与德育理念的理解和认识。例如，可以利用虚拟现实技术模拟各种案例情境，让学生在虚拟环境中进行法律与道德的思考和决策，培养其法治意识和道德品质。此外，在线教育平台可以为学生提供灵活的学习资源和学习机会。通过在线教育平台，学生可以随时随地获取到丰富的法治教育与德育资源，包括教学视频、教学文档、在线讨论等，自主学习、自主探索，提升学习的效率和质量。同时，教师也可以利用在线教育平台开设课程、布置作业、进行考核评价，实现教学过程的全面数字化和在线化，提高教学的灵活性和互动性。在教学内容方面，可以结合互动式学习软件、在线模拟案例等形式，设计更加生动有趣、贴近学生生活的教学内容。例如，可以开发基于虚拟角色的法治教育与德育游戏，让学生在游戏中扮演不同角色，体验不同情境下的法律与道德挑战，激发学生的学习兴趣和参与度。结合人工智能、虚拟现实、在线教育平台等技术手段，创新法治教育与德育的教学方法和内容，是未来的一个重要发展方向。这些创新领域的应用可以提升教育的效果和学生的学习体验，使法治教育与德育更加生动、实用、有趣，为培养具有良好法治意识和道德素养的优秀人才奠定坚实的基础。

（二）社会舆论引导与社交媒体教育

社交媒体等新媒体平台成为推动法治教育与德育的重要渠道和手段。在当今数字化和信息化的社会环境下，社交媒体已经成为人们获取信息、交流观点、传播思想的重要平台之一。通过微博、微信、视频平台等，可以广泛传播法治教育与德育的重要性和实践成果，引导社会舆论关注这一领域，推动法治教育与德育理念的普及和传播。社交媒体可以成为法治教育与德育理念的宣传平台。通过发布法治教育与德育的相关内容和案例，如法律知识普及、道德品质培养、优秀学生事迹等，向社会公众展示法治教育与德育的重要性和实践成果。这些内容可以通过文字、图片、视频等多种形式呈现，吸引更多人关注和参与到法治教育与德育的推广中来。社交媒体可以成为法治教育与德育实践的分享平台。教育机构、学校、教师、学生等可以通过社交媒体分享自己的法治教育与德育实践经验和成果，包括课堂教学案例、社会活动报道、学生成长故事等。这些实践案例的分享可以激发更多教师的创新意识和实践热情，促进法治教育与德育理念的传播和落实。

同时，社交媒体可以成为法治教育与德育互动交流的平台。通过建立相关的社交媒体群组、讨论版块、在线直播等功能，教育机构和教师可以与社会公众、学生家长等进行交流互动，分享经验、答疑解惑，共同探讨法治教育与德育的实践路径和方法。这种互动交流的形式可以促进教师之间的交流合作，推动法治教育与德育的不断创新和发展。社交媒体还可以成为法治教育与德育活动的宣传和推广平台。教育机构可以通过社交媒体发布法治教育与德育相关活动的通知、宣传海报、活动照片等，吸引更多人参与到这些活动中来。例如，可以利用微博、微信等平台宣传法治教育与德育主题演讲、讲座、座谈会等活动，吸引社会各界人士的关注和参与，推动法治教育与德育的深入开展。社交媒体等新媒体平台可以成为推动法治教育与德育的重要渠道和手段。通过微博、微信、视频平台等，传播正能量，推动法治教育与德育理念的普及和传播，促进法治建设和社会文明进步。在未来，随着科技的不断发展和社会的不断变化，社交媒体将继续发挥重要作用，为法治教育与德育的创新与发展提供更加广阔的空间和可能性。

二、法治教育与德育的机遇

（一）社会需求增加

随着社会的发展和进步，法治教育与德育面临着前所未有的机遇与挑战。人们对培养具有良好法治意识和道德品质的公民的需求日益增加，这为法治教育与德育提供了广阔的发展空间和机遇。全球化背景下的法治教育与德育面临着国际化的机遇。随着经济全球化和信息技术的快速发展，不同国家、地区之间的交流与合作日益频繁，人们的视野也更加开阔。在这样的背景下，法治教育与德育可以借鉴和吸收世界各国的先进经验和理念，加强国际交流与合作，不断丰富教育内容和方法，提升教育质量和水平。例如，可以引进国外先进的法治教育与德育理念、课程设计和教学方法，丰富教育资源，提升教育质量。信息技术的飞速发展为法治教育与德育提供了新的发展机遇。随着互联网、人工智能、虚拟现实等技术的不断创新，教育教学模式正在发生深刻变革。法治教育与德育可以充分利用这些新技术，创新教学方法和内容，开发出更加生动有趣、互动性强的教育资源和工具，提升学生的学习积极性和效果。例如，可以开发互动式学习软件、在线模拟案例等形式，吸引学生的注意力和参与度。

社会对法治意识和道德品质的需求逐渐增强，为法治教育与德育的发展提供了有力支持。随着社会的进步和文明的发展，人们对公民的法治素养和道德品质提出了更高的要求。法治教育与德育可以顺应社会的发展需求，加强与社会各界的合作，共同推动公民法治意识和道德品质的提升。例如，可以组织各类人文关怀活动，通过文化艺术的方式，启发学生的情感共鸣和人文情怀，培养对生活、自然和人类的尊重和关爱。社会舆论对法治教育与德育的关注度不断提高，为其发展提供了良好的舆论环境。随着社交媒体等新媒体的兴起，人们获取信息的渠道更加多样化，法治教育与德育的相关话题也更加容易引起公众关注。教育机构和教师可以充分利用社交媒体平台，向社会公众传播法治教育与德育的重要性和实践成果，引导社会舆论关注和支持这一领域的发展。随着社会发展和进步，人们对法治教育与德育的需求日益增加，为其发展提供了广阔的机遇。法治教育与德育应充分把握机遇，不断创新与发展，为培养具有良好法治意识和道德品质的公民做出积极贡献。

（二）教育理念更新

随着教育理念的不断更新，全面发展和个性化培养成为当今教育的主流趋势。在这一背景下，法治教育与德育作为教育的重要组成部分，受到了越来越多教育机构和教师的重视。这种趋势为法治教育与德育的发展带来了许多机遇。全面发展的教育理念为法治教育与德育提供了更广阔的舞台。全面发展强调培养学生的多方面能力和素养，不仅包括学术方面的知识与技能，还包括品德、情感、审美等方面的培养。在这样的背景下，法治教育与德育的地位越发凸显，成为培养学生综合素质的重要途径。教育机构和教师可以通过开展法治教育与德育课程，引导学生树立正确的法治观念和道德品质，促进他们全面发展，使其成为具有良好法治意识和道德修养的公民。个性化培养的理念为法治教育与德育的实践提供了更多可能性。个性化培养强调根据学生的个体差异和发展需求，量身定制教育方案，为每个学生提供个性化的教育服务。在这样的理念下，法治教育与德育可以更加贴近学生的实际情况和发展需求，设计多样化的教育活动和课程内容，引导学生全面发展并树立正确的法治观念和道德观念。教育机构和教师可以通过个性化的教育实践，更好地发挥法治教育与德育在学生个性化培养中的作用，为每个学生的成长提供有力支持。

随着社会对公民素质的要求不断提高，法治教育与德育的重要性也日益凸显。现代社会面临着诸多复杂的法律问题和道德困境，培养具有良好法治意识和道德品质的公民成为当务之急。在这样的背景下，教育机构和教师有责任和义务加强法治教育与德育的实施，为社会培养更多具有高度社会责任感和道德情操的公民，为社会的稳定与进步贡献力量。信息技术的快速发展为法治教育与德育的创新提供了有力支持。随着互联网、人工智能、虚拟现实等技术的不断创新，教育的传统模式正在经历革命性的变革。法治教育与德育可以充分利用新技术，设计生动有趣、互动性强的教育资源和工具，提升学生的学习积极性和效果。例如，可以开发基于虚拟现实技术的法治教育与德育课程，让学生身临其境地体验法律实践和道德决策的过程，增强学习的真实感和趣味性。法治教育与德育在全面发展和个性化培养的教育理念下面临着广阔的发展机遇。教育机构和教师应当充分把握机遇，不断创新与发展，为培养具有良好法治意识和道德品质的公民做出积极贡献，推动教育事业的进步与发展。

第三节　法治教育与德育的挑战与应对策略

一、法治教育与德育的挑战

（一）信息化时代的影响

随着信息化时代的来临，互联网和社交媒体的普及，学生面临着前所未有的信息获取渠道和交流平台。然而，与此同时，他们也容易受到来自网络世界的不良信息和价值观的影响，这给法治教育与德育带来了一系列挑战。互联网和社交媒体的普及使得学生容易接触到大量信息，包括各种各样的法律知识和道德观念。然而，这些信息的真实性和可靠性难以保证，学生往往难以分辨信息的真伪和价值，容易受到虚假信息和不良价值观的误导。这给法治教育与德育提出了更高的要求，需要教师有针对性地引导学生正确辨识和理解信息，培养他们的批判性思维和价值观念。互联网和社交媒体的普及也给学生带来了更广泛的社交圈子和交流平台，他们可以与世界各地的人交流，分享观点和经验。然而，社交媒体的开放性和匿名性也容易导致网络欺凌、谣言传播等问题的出现，给学生的心理健康和道德观念带来负面影响。因此，教师需要重视学生在网络空间中的行为规范和道德意识，引导他们正确使用社交媒体，培养良好的网络公民素质。

互联网和社交媒体的普及也加剧了学生的信息过载和注意力分散现象，影响了他们的学习效果和思维方式。学生往往容易沉迷于社交媒体、网络游戏等虚拟世界，忽略了现实生活中的学习和成长。这给法治教育与德育提出了更大的挑战，需要通过创新的教学方法和内容，激发学生的学习兴趣和参与度，引导他们正确利用网络资源，保持良好的学习状态和生活态度。互联网和社交媒体的普及也加剧了学生与家庭、学校之间的沟通障碍和代沟问题。家长和教师往往难以理解学生在网络空间中的行为和需求，学生也常常感觉到被家长和教师束缚和限制。因此，法治教育与德育需要更加关注学生与家庭、学校之间的沟通和合作，建立起良好的互信关系和教育共识，共同引导学生健康成长。互联网和社交媒体的普及给法治教育与德育带来了诸多挑战，包括信息真实性和可靠性的问题、社交媒体的负面影响、学生的信息过载和注意力分散以及家校沟通的障碍等。面对这些挑战，教师需要采取切实有效的措施，引导学生正确利用互联网和社交媒体，树立正确的法治观念和道德价值观，促进其健康成长和全面发展。

（二）家庭教育与学校教育的不协调

家庭教育与学校教育在法治教育与德育方面的配合不足，确实是当前面临的一个重要挑战。在一个孩子成长的过程中，家庭教育和学校教育都扮演着至关重要的角色，两者之间的配合与协调对于孩子的全面发展至关重要。然而，一些家庭的教育观念和方法可能与学校的教育目标存在不匹配，导致了这种配合不足的现象。一些家庭缺乏对孩子法治教育与德育的重视和指导。在一些家庭中，父母可能更多地关注孩子的学业成绩和考试分数，而忽视了对孩子品德和价值观念的培养。他们可能缺乏对法治教育和德育的了解，也缺乏相关的教育指导和方法，导致了在家庭教育中对这方面的重视不足。这种情况下，即使学校在法治教育与德育方面付出了很大的努力，但在家庭中得不到有效的延续和支持，孩子的全面发展也会受到影响。一些家庭教育模式可能存在与学校教育目标不一致的情况。在一些家庭中，父母可能倾向于溺爱孩子、纵容孩子，对孩子的行为过于放任或者过于严厉，缺乏正确的教育方法和态度。这种情况下，孩子可能在家庭环境中形成了一些不良的习惯和价值观念，与学校教育的目标产生了冲突，导致了家庭教育与学校教育之间的配合不足。一些家庭可能缺乏与学校沟通合作的意识和能力。家长与学校之间的沟通渠道不畅，家长缺乏对学校教育的了解和参与，导致无法有效地配合学校的教育工作。这种情况下，即使学校开展了丰富多彩的法治教育与德育活动，但由于家庭与学校之间的信息交流不畅，孩子在家庭中可能无法得到相应的引导和支持，影响了法治教育与德育的全面开展。

二、法治教育与德育的应对策略

（一）综合立体的教育模式

1. 学校和家庭教育

建立综合立体的法治教育与德育模式是应对当前挑战的有效策略之一。这一模式包括学校教育、家庭教育、社会教育等多个方面的配合与补充，通过多元化的教育途径和手段，全方位地培养学生的法治意识和德育素养。学校教育作为法治教育与德育的主要阵地，应当加强课程设置和教学内容的创新。学校可以引入多样化的法治教育与德育课程，涵盖法律知识、道德伦理、公民责任等方面，结合学生的年龄特点和实际需求，设计生动有趣的教学内容，激发学生的学习兴趣和参与度。同时，学校还可以开展法治教育与德育主题活动，如法治知识竞赛、德育演讲比赛等，营造良好的校园文化氛围，促进学生全面发展。家庭教育在法治教育与德育中发挥着至关重要的作用。家长是孩子最早的启蒙者和榜样，他们应当重视家庭教育，注重培养孩子的法治意识和道德品质。家庭可以通过日常生活和家庭活动，引导孩子了解法律规则、尊重他人、培养责任感等。此外，家长还可以积极参与学校的法治教育与德育活动，与学校形成良好的合作关系，共同推动孩子的全面发展。

2. 社会教育

除了学校和家庭教育，社会教育也是培养学生法治意识和德育素养的重要渠道。社会可以通过举办法治教育与德育讲座、主题活动等方式，向广大群众传播法治理念和道德观念，引导人们遵纪守法、积极参与社会实践。同时，社会组织和公益机构也可以开展法治教育与德育项目，为学生提供更多的学习机会和资源支持，促进他们的全面成长。利用现代科技手段也是推动法治教育与德育模式创新的重要途径。通过互联网、虚拟现实、在线教育平台等技术，可以开发丰富多样的教育资源和教学工具，为学生提供便捷高效的学习途径。例如，可以开发法治教育与德育的在线课程、教学游戏等，提供个性化的学习体验，满足不同学生的学习需求。建立综合立体的法治教育与德育模式，需要学校、家庭、社会以及科技等多方共同努力，形成合力。只有通过多方面的配合与补充，才能全面促进学生的法治意识和德育素养的提升，为他们的全面成长和未来发展奠定坚实的基础。

(二) 加强师资培训与提升教育质量

1. 加强师资培训

加强教师队伍建设，提升教师的专业水平和教育能力，是有效推动法治教育与德育工作的重要策略之一。教师作为法治教育与德育的主要实施者和引导者，其素质和能力直接影响着教育的质量和效果。因此，需要采取一系列措施，不断提升教师的专业水平，使其具备更好地开展法治教育与德育工作的能力。加强师资培训，提高教师的法治教育与德育理论水平和实践能力。可以组织针对性的培训课程，涵盖法律知识、道德伦理、心理健康等方面的内容，帮助教师全面了解法治教育与德育的基本原理和要求。同时，还可以邀请专家学者举办讲座和授课，分享教育经验和教学方法，激发教师的创新意识和教育热情。建立健全的教师评价体系，激励教师积极参与法治教育与德育工作。可以制定相关政策，将法治教育与德育工作纳入教师绩效考核体系，明确教师在法治教育与德育方面的责任和要求，建立奖惩机制，及时表彰和奖励表现优秀的教师，鼓励他们在教育教学中积极投入。

2. 提升教育质量

加强教师之间的专业交流与合作，促进教师之间的相互学习和成长。可以组织教师研讨会、学术交流会等活动，提供一个分享经验、交流观点的平台，让教师们相互启发、相互促进。同时，还可以建立教师合作团队，共同研究和探讨法治教育与德育的教学方法和策略，形成合力，提升教育质量。此外，加强教师的个人发展和成长支持。学校可以为教师提供进修学习的机会，资助教师参加相关专业培训和学术研讨会，拓宽他们的学术视野和知识面。同时，还可以建立定期评估和反馈机制，帮助教师发现自身的不足之处，及时调整教学策略，不断提高教学效果。加强对青年教师和新教师的培养和引导。针对青年教师和新教师的特点和需求，设计专门的培训计划和辅导方案，帮助他们尽快适应教育工作，并逐步提升专业水平。同时，学校可以为他们提供良好的成长环境和工作氛围，激发他们的工作热情和创新精神。加强教师队伍建设，提升教师的专业水平和教育能力，对于推动法治教育与德育工作具有重要意义。通过持续的师资培训和专业交流，不断提高教师的教育质量和水平，进一步促进学生的全面发展和德智体美劳全面提升。

（三）制定和落实法治教育与德育课程

制定科学合理的法治教育与德育课程是推动学生全面发展的重要举措之一。通过有针对性的教学内容和活动，可以促进学生树立正确的法治观念和道德品质，培养其良好的社会行为习惯和公民意识。为此，需要综合考虑学生的年龄特点和发展需求，设计符合其认知水平和兴趣爱好的教学内容，确保法治教育与德育内容的全面覆盖和适时更新。针对不同年龄段学生的特点和需求，设计差异化的法治教育与德育课程。注重法治教育与德育内容的全面覆盖和适时更新。法治教育与德育内容应该包括法律知识、公民责任、社会道德、人际关系等多个方面，涵盖个人发展的各个方面。同时，随着社会的发展和进步，法治教育与德育的内容也需要不断更新，及时反映社会的变化和需求。可以定期对课程内容进行评估和调整，引入新的教学资源和案例，保持法治教育与德育课程的活力和吸引力。

注重教学方法和活动的多样化和灵活性。除了传统的课堂教学，还可以开展校外实践、社会调查、参观考察等形式，让学生通过实际体验和参与，深入了解法治与德育的重要性和实践意义。同时，还可以利用现代科技手段，如多媒体教学、在线课程等，丰富教学资源，提高教学效果。通过多样化的教学方法和活动，激发学生的学习兴趣和参与度，培养其主动学习和创新能力。加强教师的专业培训和教学支持。为教师提供定期的教学培训和指导，提升其法治教育与德育教学能力和水平。可以组织教师研讨会、专题讲座等活动，分享教学经验和教学方法，促进教师之间的交流和合作。同时，还可以建立教师资源库，提供丰富的教学资源和案例，支持教师的教学实践和创新。通过不断加强教师队伍建设，提升其专业水平和教学能力，进一步推动法治教育与德育工作的深化与发展。

第四节 法治教育与德育的全球影响与合作机会

一、法治教育与德育的全球影响

(一) 社会稳定与公平

法治教育和德育在建立公平正义的社会秩序方面发挥着重要作用，它们不仅在国内层面影响深远，而且在全球范围内都具有重要意义。法治教育通过向人们传授法律知识和规则，培养公民遵守法律、尊重法治的意识和行为习惯，从而维护社会的法治秩序。在国内，通过学校、社会组织、媒体等渠道进行法治教育，使人们了解法律的权威和意义，认识到法律的普遍适用性和约束力，形成遵守法律、守法诚信的社会风尚。这种法治观念的树立和法律素养的提升，有助于减少违法犯罪行为的发生，维护社会的公平正义和秩序稳定。德育则通过培养人们的道德观念、行为准则和价值观念，促进了社会成员之间的互相尊重、和谐共处。德育不仅教育人们遵循道德规范和行为准则，更重要的是引导他们树立正确的人生观、价值观，培养积极向上的品格和精神品质。在国内，通过学校、家庭、社会各界的共同努力，开展德育活动和实践，使人们具备了良好的道德修养和社会责任感，形成了尊重他人、公平正义的社会氛围。在全球范围内，法治教育和德育也发挥着重要作用，推动了全球社会的公平正义和和谐发展。随着全球化进程的加速，各国之间的法律规则和道德观念交流互动更加频繁，法治教育和德育在不同国家之间的普及和推广成为一种趋势。通过国际间的法治教育交流与合作，各国可以借鉴彼此的经验，共同探讨法治建设的路径和方式，促进全球社会的法治化进程。法治教育和德育在国际社会中也起到了桥梁和纽带的作用，促进了国际间的合作与交流。

在国际事务中，遵守国际法和国际道德准则是维护国际社会公平正义的重要保障。通过国际间的法治教育合作和德育交流，各国可以增进对国际法的理解和尊重，加强对国际社会的认同和责任感，推动构建更加公平正义、和谐稳定的国际秩序。法治教育和德育的全球影响还体现在对全球性问题的应对和解决上。面对气候变化、贫困问题、人权保障等全球性挑战，国际社会需要共同遵守法律规则、秉持正义原则，共同努力推动全球合作和解决方案的实施。在这一过程中，法治教育和德育的普及和推广可以培养全球公民的责任意识和合作精神，为解决全球性问题提供人才和智力支持。法治教育和德育在国内外都具有重要的影响力，它们不仅有助于建立公平正义的社会秩序，而且在全球范围内推动了全球社会的公平正义和和谐发展。随着全球化进程的深入，法治教育和德育的全球影响将越发凸显，为构建人类命运共同体、推动人类社会的进步与发展做出更大的贡献。

（二）民主意识与参与能力

法治教育与德育的全球影响在当今社会日益受到重视。随着全球化进程的不断推进和国际交流的加深，法治教育和德育成为维护社会公平正义、促进民主发展的重要手段。这两者的结合不仅有助于培养公民的法律意识和道德观念，也为构建和谐稳定的国际社会提供了有力支持。法治教育在全球范围内促进了公民的法律意识和法治观念的提升。通过法治教育，人们学习尊重法律、遵守规则，了解法律的作用和意义，增强了对法治社会的认同感和信任度。在全球范围内，不同国家和地区的法治教育内容和方式可能存在差异，但都旨在向公民传达法治精神，使其成为社会规范的忠实遵循者。这种法治意识的提升有助于加强社会秩序，减少犯罪行为，促进社会的稳定和发展。德育的全球影响体现在培养了公民的责任感和社会参与意识。德育注重培养人的道德品质和社会责任感，使他们具备为社会做出贡献的意识和行动力。在全球范围内，德育通过各种形式和途径，如课堂教学、社会实践、志愿服务等，激发公民的社会责任感，引导他们积极参与社会公益活动，推动社会的民主发展和进步。德育的全球影响不仅体现在个体层面，也反映在国际组织、跨国公司等机构层面，这些机构普遍重视员工的道德素养和社会责任感，倡导企业社会责任，为社会的可持续发展做出积极贡献。

在全球化的背景下，法治教育和德育的全球影响得到了进一步加强。国际组织和跨国机构通过举办法治教育和德育研讨会、发布相关政策文件等方式，促进各国之间的经验交流和合作，共同推动全球法治和道德建设。同时，跨国公司和国际非政府组织积极开展社会责任项目、义务教育计划等活动，为全球公民提供法治教育和德育培训，推动全球法治教育和德育发展的进程。尽管法治教育和德育在全球范围内发挥了积极作用，但也面临着一些挑战。不同国家和地区的法治观念和德育理念存在差异，导致法治教育和德育实践的多样性和复杂性。在全球化进程中，如何在尊重文化多样性的同时推动全球法治和德育的发展，是一个亟待解决的问题。随着信息技术的发展和社交媒体的普及，公民面临着来自互联网的信息泛滥和虚假信息的干扰，这对法治教育和德育提出了新的挑战。如何利用新技术手段推动法治教育和德育的创新，成为当前的重要课题。法治教育和德育在全球范围内发挥着重要作用，有助于建立公平正义的社会秩序和促进民主发展。通过加强法治教育和德育的合作与交流，共同推动全球法治和道德建设，为构建和谐稳定的国际社会做出更大的贡献。

（三）经济发展与社会进步

法治教育和德育对国家的经济发展和社会进步具有深远的影响，这种影响不仅局限于国内，也在全球范围内产生了显著效应。良好的法治环境和道德风尚不仅有助于提高国家经济市场的竞争力和活力，还能够吸引外部投资和人才流入，推动国家的经济繁荣和社会进步。法治教育在国家经济发展中扮演着重要角色。通过法治教育，人们学习尊重法律、遵守规则，增强了对法治社会的信任度和依法经营的意识。在一个良好的法治环境下，企业和个人能够更好地预测和评估市场风险，规避经营风险，提高经济活动的合规性和稳定性。此外，法治环境的改善还能够促进商业信用的建立和维护，降低交易成本，增强市场竞争力，推动经济市场的健康发展。德育对国家经济发展和社会进步也起到了至关重要的作用。德育注重培养人的道德品质和社会责任感，使他们具备良好的职业道德和社会公德，有助于构建和谐稳定的社会环境，减少社会矛盾和纠纷。在国家经济发展中，具有高度责任感和社会使命感的人才能够积极投身各行各业，推动生产力的提高和效率的提升，促进国家经济的快速发展和可持续增长。此外，德育还培养了具有创新精神和社会责任感的人才，推动科技进步和社会进步，为国家经济的转型升级和可持续发展注入新动力。

在全球范围内，法治教育和德育的影响也逐渐显现。良好的法治环境和道德风尚不仅是国家吸引外部投资和人才的重要因素，也是跨国企业选择落户和扩张的重要依据。在全球化的背景下，法治教育和德育的水平成为国家软实力和竞争优势的重要体现，对国家形象和国际地位产生了重要影响。一些发达国家和地区通过加强法治教育和德育，不仅提高了国民素质和社会文明程度，还提升了国家的国际竞争力和影响力，成为全球化时代的领头羊。法治教育和德育在全球范围内面临着一些挑战。在一些发展中国家和地区，法治观念不够深入人心，法治环境不够健全，法律执行不够严格，导致了社会治理和经济发展的不稳定性和不可持续性。同时，全球化进程中信息技术的发展和社交媒体的普及也带来了一些新的法律和道德挑战，如网络犯罪、信息泄露、虚假广告等问题，对法治教育和德育提出了新的要求和挑战。法治教育和德育对国家的经济发展和社会进步具有重要意义，在全球范围内产生了深远的影响。通过加强法治教育和德育，培育公民的法治意识和社会责任感，促进了国家经济市场的健康发展和社会文明的进步，为构建和谐稳定的国际社会做出了重要贡献。

二、法治教育与德育的合作机会

（一）课程整合

法治教育和德育的合作机会在于它们都致力于培养学生全面发展的核心价值观。将法治教育与德育内容融入学校的日常教学中，不仅可以提升学生的法律素养和道德水平，也有助于促进学生的综合素质和社会责任感的培养。法治教育和德育的内容可以在教学中进行有机结合。例如，在政治课程中，可以结合讲解国家法律法规和政治制度，引导学生了解法治国家的基本特征和运行机制，同时强调公民的权利与义务，培养学生的法治观念和公民责任感。在德育课程中，可以通过讲解和讨论社会道德、伦理等内容，引导学生探讨道德与法律之间的关系，理解法律的基本价值和道德原则，促进学生树立正确的法律意识和道德观念。可以通过开设跨学科课程来整合法治教育和德育内容。跨学科课程将法治教育和德育的知识融入多个学科中，使学生在学习不同学科知识的同时，也能够获得相关的法治和道德教育。例如，开设法律案例分析的课程，既可以帮助学生了解法律知识，又可以引导他们思考法律与道德之间的关系，促进学生的综合素养和批判思维能力的提升。

可以通过项目学习和实践活动来促进法治教育与德育的合作。学校可以组织学生参与模拟法庭、法律辩论、社会实践等活动，让学生亲身体验法治与道德在实践中的应用与意义。例如，组织学生开展社区义务劳动，通过参与社区建设活动，培养学生的社会责任感和团队合作精神，同时加深他们对法律与社会生活的理解。教师在教学中也可以充分利用教材、课堂讨论、案例分析等方式，引导学生探讨法治与德育的相关问题，激发学生的学习兴趣和参与度。例如，在课堂上引导学生讨论法律案例中涉及的道德问题，鼓励学生就自己的观点进行表达和思考，促进学生的思辨能力和创新能力的培养。将法治教育与德育内容整合到学校的课程设置中，不仅可以提升学生的法律素养和道德水平，也有助于促进学生的全面发展和社会责任感的培养。通过跨学科、项目学习和实践活动等方式，可以为学生提供更丰富的学习体验，促进其全面发展和终身学习能力的培养。这种合作机会为培养具有法治意识和社会责任感的新一代公民奠定了重要基础，也为构建和谐稳定的社会环境做出了积极贡献。

（二）德育课程配套

法治教育和德育的整合为学生提供了更为全面的教育体验，也为学校的课程设置和教学实践提供了新的思路和机会。在法治教育课程中配套德育内容，不仅能够加深学生对法律的理解，还能够强化其道德观念和社会责任感，为其未来的成长和发展奠定良好的基础。通过法治教育课程中配套德育内容，可以加强学生对法律背后的道德原则和价值观的认识。法律的制定和实施往往都是基于社会的道德基础和公共利益，因此法治教育课程可以通过案例分析、故事讲解等形式，引导学生深入理解法律背后的道德意义，培养其尊重法律、遵守法律的意识和行为习惯。例如，通过分析一些历史上的重大法律案件或现实生活中的法律问题，引导学生思考其中的道德价值和社会影响，使他们认识到法律与道德之间的密切关系，从而更加自觉地遵守法律、尊重法律。德育内容的融入可以丰富法治教育的形式和方法，提高教学的针对性和趣味性。德育注重培养学生的道德情操和社会责任感，可以通过角色扮演、团队合作等形式，让学生在模拟的法律案例中扮演不同的角色，感受法律的权利和义务，培养他们的法治精神和社会责任感。例如，可以组织学生扮演法官、律师、被告等角色，模拟法庭审理过程，让他们在实践中体会到法律的公正性和权威性，锻炼其分析问题和解决问题的能力，增强其法治意识和法治素养。

法治教育与德育的整合还可以促进学校教育的跨学科发展，拓展学生的知识视野和思维深度。法治教育和德育涉及的内容涵盖了法律、伦理、政治、历史等多个学科领域，通过将这些内容有机结合起来，可以帮助学生建立起更加完整和系统的知识体系，提高他们的学科综合能力和跨学科思维能力。例如，在教授法律知识的同时，可以引导学生探讨相关的道德问题和社会问题，引发他们对社会、政治、伦理等方面的思考和探讨，培养其综合分析和综合判断能力，提高其综合素质和综合能力。法治教育与德育的整合也为学校的教育改革和课程设置提供了新的思路和机遇。随着社会的发展和教育理念的更新，人们对教育的需求也在不断变化，德育和法治教育的整合正是符合这一趋势的重要举措。通过在课程设置中整合法治教育和德育内容，可以使学生在学习法律知识的同时，培养其良好的道德品质和社会责任感，为其未来的发展和成长提供更加全面和均衡的支持。法治教育与德育的整合为学校教育提供了新的机遇和挑战。通过将法治教育与德育内容有机结合起来，可以加深学生对法律的理解，强化其道德观念和社会责任感，促进其全面发展和健康成长。这种整合不仅丰富了教学形式和方法，也为学校的教育改革和课程设置提供了新的思路和机遇，有助于推动学校教育的不断发展和进步。

（三）学校德育与社会法治建设的结合

学校的德育与社会法治建设的结合是促进学生全面发展的重要途径之一。通过开展社会实践、参与法治宣传教育等活动，学校可以引导学生了解社会法治发展的现状和重要性，培养其积极参与社会法治建设的意识和能力，从而推动学生的德育水平不断提升。学校可以通过开展社会实践活动，让学生深入社区、法院、政府机关等地方，亲身感受法治的重要性和社会法治建设的成果。例如，组织学生参观法院、公安局等司法机构，让他们了解法律的实施和司法的程序，加深对法治的认识和理解。同时，学校还可以组织学生参与社区服务、法治宣传等活动，积极参与社会法治建设，为社会的和谐稳定贡献自己的力量。通过这些实践活动，学生可以感受到法治对社会的重要性，增强其法治意识和社会责任感。

学校可以通过参与法治宣传教育活动，拓展学生的法治知识和道德观念。法治宣传教育是提高公民法治意识和素养的重要途径之一，学校可以借助各种形式和途径，如举办法治主题讲座、开展法治知识竞赛、制作法治宣传海报等，向学生普及法律知识和法治精神，引导他们树立正确的法治观念和道德观念。通过参与这些宣传教育活动，学生可以了解法律对于维护社会秩序和保障公民权益的重要作用，增强对法治的认同感和信任度。学校还可以组织学生参与法治建设的实际工作，如法治志愿者服务、法治文化活动等。通过这些实际工作，学生可以积极参与社会法治建设，了解法治的具体实践和应用，培养其积极向上的社会责任感和参与意识。例如，学校可以组织学生参与社区法律援助活动，为有需要的人提供法律帮助和服务；也可以组织学生参与社会法治文化节、法治主题演讲比赛等活动，展示学生的法治素养和社会责任感。通过这些实际工作，学生不仅能够锻炼自己的实践能力，培养团队合作精神，还能够感受到参与法治建设的成就和快乐，进一步巩固其法治意识和德育成果。学校的德育与社会法治建设的结合具有重要意义，不仅可以促进学生全面发展，还可以推动社会法治建设和社会进步。通过开展社会实践、参与法治宣传教育、组织实际工作等活动，学校可以引导学生了解社会法治发展的现状和重要性，培养其积极参与社会法治建设的意识和能力，从而推动学生的德育水平不断提升。同时，学校也可以借助社会资源和合作机会，丰富德育的内容和形式，为学生提供更加丰富和有意义的教育体验，为其未来的成长和发展奠定良好的基础。

参考文献

[1] 余琪．法治教育的概念辨析 [J]．北京印刷学院学报，2017，25（5）：114-116.

[2] 刘炼．法治教育及法治素养基本概念解读 [J]．中学政治教学参考，2017（7）：69-70.

[3] 赵福林，陈静．《义务教育道德与法治课程标准（2022年版）》的破与立 [J]．林区教学，2023（11）：109-112.

[4] 李晓东，张珊珊．义务教育道德与法治课程标准的教学实施推进策略 [J]．基础教育课程，2023（6）：17-23.

[5] 高德胜．迎接时代挑战，提升教师德育能力 [J]．中国教育学刊，2020（6）：5.

[6] 李红玲．当代大学生法治思维培育研究 [D]．哈尔滨：哈尔滨师范大学，2019.

[7] 张兵．大学生法治信仰养成研究 [D]．南京：南京理工大学，2021.

[8] 鲁春霞．行为习惯三字经塑造学生好习惯：德育校本教材成功运用案例 [J]．科学咨询（科技·管理），2017（11）：122.

[9] 景勤．论我国法治社会建设中的普法创新 [D]．武汉：中南财经政法大学，2021.

[10] 陈汝婷．法治中国背景下党内法规全社会普及研究 [D]．长沙：中南大学，2022.

[11] 方世荣，景勤．论法治社会建设中的公众参与式普法 [J]．荆楚法学，2022（4）：15-26，2.

[12] 程霏，黄颖，颜鸣华．责任德育体系的构建与实践探索 [J]．基础教育论坛，2023（11）：33-35，113.

[13] 来宁．学校德育体系的整体构建探索：评《学校德育顶层设计实践案例》[J]．中国教育学刊，2023（2）：135.

［14］王巧玲，周彤，谢永宪，等．"学科思政"的内涵、体系构建与实践［J］．北京联合大学学报，2021，35（1）：40-44.

［15］赵凯．自媒体对大学生法治教育的影响及对策研究［D］．成都：西南石油大学，2018.

［16］宋小莉，王绍源．基于社交媒体的高校思政教育创新研究［J］．淮南职业技术学院学报，2023，23（6）：38-40.

［17］刘敏．基于社交媒体的高校思想政治教育创新对策研究［J］．江西电力职业技术学院学报，2023，36（10）：140-142.

［18］邓丽霞．社交媒体对高校思政教育的影响及对策研究［J］．淮南职业技术学院学报，2023，23（4）：4-6.

［19］孙巍，韦桂娥．社交媒体环境下大学生思想政治教育的创新［J］．学校党建与思想教育，2023（6）：78-80.

［20］张睿．论高校思想政治教育的社交媒体传播机制［J］．河南教育（高等教育），2022（7）：31-32.